社員ゼロ！

きちんと稼げる「1人会社」のはじめ方

Noriaki Yamamoto
山本憲明

はじめに

前著『社員ゼロ！　会社は「1人」で経営しなさい』（明日香出版社）は、おかげさまで発行部数5万部を突破し、多くの方に読んでいただきました。今までに何冊も本を書いてきたのですが、これまでにはない反響があって驚いています。ご感想やご相談などのメールを直接いただくことが、本当に多いのです。

ご相談で一番多いのは、「これから独立をしてやっていきたいが、1人でやっていくのがいいか、将来的に規模を大きくするのを睨んでやっていくのがいいか迷っている」というものです。次に多いのは、「今、会社経営をしているが、これからの方向性に迷っている。お問い合わせいただいた人を減らすなどして、1人でやっていったほうがいいのか」というものでした。お問い合わせいただいた人の悩みは、ほとんどこの2つに集約されます。

経営をやっていくにあたって、その方向性に迷っている人は多いということがわかりました。

そこで本書は主に、今は会社に雇われて働いているが、これからの人生をどうしようかと悩んでいる人向けに書きました。

正社員として、もしくは非正規社員として働いてはいるが、このまま同じように働いていても将来が見えないとか、もともと独立したいと思っていたがどうやっていけばいいか不安だという人は、前著への感想からもわかるようにとても多いです。

日本はこれから大きく変わると言われています。特に、AIやロボットが発達するために人が行う仕事が少なくなるとか、人口減少により需要が減って仕事も減るなどと騒がれています。それに不安を感じている人も多いでしょう。

しかし、それらの不安や悩みは、「1人経営」をやっていくことによって解消できます。この本では、その「1人経営」をどうはじめていけばいいか、また「1人経営」をどう続けていけばいいか、将来の人生計画はどう立てていけばいいか、ということに焦点を当てて解説していきます。

仕事と人生は密接に結び付いています。

これからの人生をどう生きるかに悩んでいる人へ、「1人経営」をやって生きていくという、ひとつの選択肢が与えられたら幸いです。

人生のひとつのモデルケースにしていただき、参考にしていただけたら言うことはありません。

山本 憲明

社員ゼロ！ きちんと稼げる「1人会社」のはじめ方◎目次

第1章

「1人経営」の基礎知識

第2章

あなたにも必ずできる「1人経営」

第3章

「1人経営」の準備をはじめよう

第4章

「1人経営」のはじめ方

第5章

「1人経営」の経営計画と人生設計

第6章

「1人経営」を成立させる売上の上げ方

第7章

どのような「1人経営」がうまくいくか

第8章

「1人経営」でうまくいくための8箇条

付録

「1人経営」をはじめるためのミニ知識

◎カバーデザイン　next door design（相京 厚史）

第1章

「1人経営」の基礎知識

1 「1人経営」とは、何なのか

本書の目的は、読者の方々が1人で会社をはじめることができ、永続的に「1人経営」をうまく続けていくことが可能になることです。そのためには、まずは「1人経営」をよく理解していただくことが必要です。

「1人経営」という言葉は、特に商標権を取っているわけではありません。私が考えたものです。前著『会社は「1人」で経営しなさい』から「1人経営」という言葉に変遷しました。なので、社会一般に広く認められた言葉ではありません。

私としては、必ず「たった1人」で経営しろ、と言うつもりもなく、1人とか2～3人程度であれば雇ってもいいと思いますし、家族など、誰かに手伝ってもらうのであればそれはそれでいいと思います。一番のポイントは、**「一定の規模を保ち、大きくしていかな**

い経営」というところです。

通常、企業を経営する場合、はじめに出した資本をいかに膨らませていくか、ということが求められます。

例えば、はじめに５００万円を投資して（資本金に入れて）会社経営をはじめたとします。このとき、その会社の創業者は、経営者であると同時に、５００万円を出した「投資家」でもあるので、投資した資金を増やしていかなければなりません。

資本を増やしていくとなると、得られた利益を使って従業員の雇用や設備投資をしていく必要があります。はじめから多くの人を雇っていく場合もありますが、大抵、資本から得られた利益を再投資して、会社を膨らませていきます。

人が増えると仕事も増え、設備も必要となりますが、それ以上に売上が増え、お金が入ってきます。そのお金でまた人やものに再投資して、どんどん会社を大きくしていくのです。売上が増えて人との接触頻度が多くなり、ある程度知られるようになると、株式を公開（上場）したりしてさらに資金を増やすことが可能となります。

多くの、いやほとんどの会社は、こうして大きくなっていくことを前提として作られ、運営されていきます。

しかし、「1人経営」は違います。**1年間通して事業がうまくいってお金が増えたとしても、そのお金を再投資することはありません。**あくまでも人や設備を増やさず、1人（あるいは少数の人数）で永続的に仕事をしていきます。

企業の役割とか義務と言われるものに、「雇用」があります。雇用を生み出すことが企業として最低限の義務、または社会貢献であるなどと言われます。それは確かにそうなのですが、それだけが企業の役割ではありません。雇用からはじき出されたかもしれない「1人経営者」がどんどん増えることも、社会貢献の一部です。

また、売上を多く上げ、たくさんの人を喜ばせることも企業の責任と言われます。これも確かにそうなのですが、売上の多寡で企業の価値が決まるわけでもありません。自分が納得するスケールの範囲で事業を永続化し、少数の人に対して長く喜んでもらうことにも、価値はあるのです。

これから日本の経済が、縮小していくことは間違いありません。**「1人経営」は、その規模の縮小に適合させる形の経営**と言えます。

「1人経営」の特徴は他にもあります。
「1人経営」は基本的に、人間としての生活と密接にかかわっていくというものです。定年などなく、死ぬまで続けることが可能であるからゆえ、人生全体の設計をして、その中でどう「1人経営」をしていくかをデザインすることが可能となります。人生全体の計画、家計の計画を立てた上で、そこから逆算して経営計画を決めるのです。

また、**「1人経営」では、好きなことをやっていくことが基本となります。**好きで仕方ないこと、はまれることを仕事にすることができます。うまくいかなければ、他の好きなことをやればいい、という柔軟性もあります。

これから詳しく「1人経営」のはじめ方を解説していきます。今「私は『1人経営』をやっていくことができるのだろうか」と不安に思っている人は、本書をこのあと丁寧に読んでください。きっとその不安は解消されるはずです。

2 世の中の流れと「1人経営」

「今後、世界はこうなっていく。日本もこうなっていく」といった記事やニュースなどがたくさん流れ、目にすることが多くなっています。これから世界は、AIやロボットの進化をはじめとする技術の変革などによって、激変していくでしょう。
ただ、人間はどちらかというと現状を維持することを望む生き物ですから、抵抗勢力などもあり、ある程度進化や変化のスピードは遅くなるかもしれません。少しずつ変わっていき、その少しの変化が積み重なって、数年・数十年後には大きく変わっている、ということになるはずです。

日本について言えば、これから人口が減っていくことが確定しているわけですから、経済全体も縮小していくのは避けられません。

「多消費世代」と言われる、多くの消費を行う40代の人口が、これから一直線に減っていきます。多消費世代人口が多くなると経済規模が大きくなり株価なども上がりますが、**多消費世代人口が少なくなると経済規模が小さくなることは、これまでの歴史で証明されています。**つまり、今後は日本の経済がしぼんでいく、というのは避けられないのです。

経済の成長期においては、「大企業に入って定年まで勤めあげる」のが最善の策だったかもしれません。しかし、衰退期においてはそれが通用しなくなります。

最近は、銀行が旧財閥の枠を超えて統合されたり、この世の春を謳歌していた企業がつぶれたり、日本を代表するような大企業が海外の会社の傘下に入ったりと、従来では考えられないような変動が起きています。

一部の企業は拡大志向でうまくいくかもしれませんが、うまくいく企業の数は減り、拡大を目指した多くの企業がつぶれ、その大企業から人があふれてくるはずです。そして、多くの企業は規模の縮小をしていきます。

規模を縮小できればまだいいほうでしょう。縮小できずに泡のように破裂してしまう企業も多く発生するはずです。

このような時代に、会社で求められるスキルを手に入れて出世していき、盤石の状態で今の会社で働き続けられるならいいと思います。しかし、安定していた職業にしがみつくことが難しいのなら、リストラや会社がなくなる前に自分で準備をしていかなければなりません。手に職をつけて転職するのもいいでしょうし、もうひとつの選択肢として独立をすることや、自分で経営をしていくこともいいでしょう。

自分で経営をしていくにしても、縮小していく世の中において、これまでと同じように拡大志向ではやっていけない可能性が高いです。

そこで現れるのが「1人経営」、つまり規模の拡大を追わずに、自分がやりたいことや得意なことを長く続けていく経営なのです。

また、経営のやり方そのものにおいても、これからは小さい規模であるほどやりやすくなっていきます。

ＩＴの進化などにより、**これまで人手が必要であった会社内部の管理業務であるとか、営業などの事務作業が必要なくなり、パソコンとかスマホのアプリだけで経営が成立してしまうようになるに違いありません。**規模を拡大せず、1人で経営をしていったほうが効率よく儲けられ、社会にも貢献できるようになるでしょう。

「ミニマリスト」的な生き方が流行していますが、「１人経営」もミニマル経営と言うことができます。**余計なものをそぎ落とし、必要な経営資源だけを利用して、ストレスなく続けていくのが「１人経営」**です。

経済成長なき時代において、ムダな資源を使わずに最小限・最低限で続けていける経営をはじめからデザインしていくことが、これからは求められるようになるはずです。

このように、今後の世の中の流れを考えると、「１人経営」は欠かせないものとなります。本書を読んで「１人経営」ができる力を身につければ、不安も吹き飛び、楽しい人生を送りながら経営をしていくことができるようになるでしょう。

3 1人でできることは、たくさんある

会社は複数人、それも数人ではなく数十人から数百人、数千人いや数万人の規模で運営されることが通常です。規模を大きくして、多くの人が働くことで売上高を増やしていけば、その分広告費など「知ってもらうための費用」を使うことができます。そして、知名度が上がったら、さらに売上高を増やしていく。それが会社経営、というのが多くの人の考え方でしょう。

確かにこれまでは、1人で会社経営をすることは難しい時代でした。多くの人に仕事を分担してもらったほうが、会社としてうまくいくことが多かったからです。

例えば営業なら営業、事務なら事務などと分けてやっていくことで専門性も発揮されて、人の能力を有効に活用することができました。

しかしこれからは、**AIやロボットをはじめとするテクノロジーの発達（これまでと次**

元が違う〝超発達〟と言ってもいいかもしれません）により、自分は専門性を磨きつつ、会社経営に必要なことは機械などがやってくれる、または外部でそれを専門にする人がやってくれるようになるはずです。

面倒くさく、わかりにくい経理なども、そのほとんどをロボットなどがやってくれるのではないでしょうか。そうなると私の商売（税理士業）は「あがったり」になってしまいますが、それが世の中の流れですから仕方がありません。

「1人会社」を経営して、専門性を発揮できること、好きなこと、やっていてまったく飽きないことをずっとやっていくことが、ずっと幸せでいられるためには必要かもしれない、とまで私は考えています。

昔は、ほとんどの人が個人事業主もしくは会社などの経営者でした。産業革命が起こり、人が集まって仕事をするのが当たり前になったのは最近の話です。低成長（マイナス成長）時代になり、また個人の時代に回帰するのではないかと私は考えています。

4 最低限の労働・利益・報酬

「1人経営」は、〝最低限〟を前提に進めていくのがいいでしょう。**最低限の労働で最低限の報酬をもらい、最低限の利益を出す。これが大切です。**欲張ってはいけません。

昭和の終わりから平成のはじめくらいまでの日本経済は、「右肩上がり」でした。日経平均株価も4万円目前まで上がり、土地の値段もうなぎ登り。何でも買って売れば儲かる時代でした。仕事についても、「24時間働けますか」というCMが流行し、猛烈に働く人が成功をつかむ、という風潮があったように思います。

しかしそれもつかの間、平成に入ってしばらくするとバブルがはじけ、不景気の時代がやってきます。不景気と言いながらも、全体的に見るとほぼ横ばいだったとは思いますが……。

私は1970年生まれで、バブルのときは大学生なので羽振りがいい時代を知りません。アルバイトでなんとなく、景気が悪くなってきたなというのを感じてはいました。就職は氷河期に入ってしまい、会社に入ってもものが売れずに苦しんでいました。だから右肩上がりの実感はまったくありません。

話が少しそれましたが、右肩上がり、頑張れば報われるような時代はとうに過ぎ去り、横ばいの平成時代も終わって、「右肩下がり」の令和時代がやってきました。

そこで、2通りの考え方ができます。

ひとつ目は、「全体が右肩下がりなら、頑張れば自分だけは成功できる」という考え方です。

しかしこれは難しいとしか言いようがありません。確かに、右肩上がりの中での猛烈な努力は、右肩上がりの角度がより上を向くため、得るものは大きいです。しかし、全体が右肩下がりの中で角度を上げたとしても、よくて横ばいか少しの成長しか得ることはできないはずです。

2つ目の考え方は、世の中に合わせて（言い方は悪いですが）自分もしぼんでいく、という考え方です。経済全体が縮小し、ＡＩやロボットなどが発達して人手が必要なくなることでものの値段も下がるでしょうから、縮小したところで生きていけないなどということはなく、それなりに生きていくことは可能です。

「無理をしても報われない」と、精神や体を壊す可能性が大きくなります。**「人生100年時代」には、マイペースでゆっくり生きていくことが大切です。**必要以上に頑張ることなく、肩の荷を下ろしてゆっくり進んでいくことが大事なのではないでしょうか。

それでも、「もっともっと頑張って、いい人生を送りたい」という人は、頑張ればいいと思うのです。人生は自由です。

売上は右肩上がりでなく、経済に合わせて「一定」もしくは「右肩下がり」の計画を立てましょう。全体が上がらないのに、全企業が右肩上がりの成長をすることはできません。時代に合わせて、「右肩下がり」の計画を立てることも必要になってくるはずです。

「右肩下がり」でも利益を出していくためには、当然のように経費も最低限にする必要があります。「利益＝売上－経費」ですから、売上が下がるのであれば経費も下げなくてはなりません。**はじめから、経費がかからない商売をすべきです。**そして、利益を上げるために原価も下げる必要があります。つまり、**原価率が低い商売をする**ということになります。このあたりは改めて詳しく述べていきます。

最低限の売上を上げるということは、最低限の報酬をもらうということです。社長は多くの役員給与（役員報酬）をもらわなければいけない、なんてことはありません。最低限でいいのです。また、最低限の報酬で済ますからには、労働も最低限にしましょう、というのが「１人経営」の考え方なのです。

5

「生き方」から、何をどうするのかを決める

「1人経営」は、人生とか自分の「生き方」と非常に強くリンクします。大きな企業を経営するのであれば、「自分」を捨てなければいけない場面も多いような気がしますが、「1人経営」においては、自分の生き方を経営に反映させることができます。

多くの人は、自分の生き方が定まっていないのではないかと推測できます。

私も以前はそうでした。どう生きようかということを考えたことはありませんでした。

しかし今は、「1人経営」をやっていきながら、人生についてよく考え、自分の生き方がだいぶ定まってきました。

もし、「1人経営」をはじめる前に生き方が決まっていれば、それに沿ってやっていくことができます。私はできませんでしたが、皆さんにはぜひおすすめしたいです。

一概に「生き方」と言っても難しいかもしれませんが、**今後の人生において、どのような判断基準で生きていくかを決めればＯＫです。**人生の岐路に立つとき、選択を迫られるときなどに、どう判断して何を選んでいくのかを決めるのです。

言い方を変えれば、人生の優先順位を何にするか、ということを決めることです。仕事をバリバリやって、稼いでいくことを第一優先にするのか、健康であることを優先するのか、とにかくお金を得ることを目的に生きていくのか、楽しいことだけをやっていくのか、などといったことです。それが決まれば、「１人経営」の方向性を決めることは容易になるでしょう。

例えば、健康を第一優先とし、１００歳まで生きる、そして死ぬまで仕事をする、と決めたとします。それであれば、これから１００歳まで、ずっとできる仕事は何かということを考えざるを得ません。

とにかく稼ぐこと、そして稼いだお金で自分が好きなことをする、というのであれば、売上や原価・経費がどれくらいの商売をやるのか、ということが決まるでしょう。そして、その事業を実現させるために自分がどれくらい仕事をするのか、ということも決まるはずです。

稼ぐのは最低限でいいから健康で長生きしていきたい、というのであれば、それなりの仕事を選ぶことになります。

好きなことや得意なことを仕事にするのか、仕事はあまり好きではないことでもいいからその分趣味で好きなことをするのか、という選択も必要です。これからの時代は、好きなこと、または得意なことを仕事としてやっていかないと立ち行かなくなると私は考えていますが、それは人それぞれで構わないので、自分がどちらかを決めてやっていけばいいのです。

仕事はとにかく最低限にして、生きていけるだけの分を稼ぎながらやっていく、という考え方もありでしょう。そうなれば仕事の種類にはあまりこだわりを持たなくてもよく、気楽になれるのかもしれません。

大事なことは、自分がこれから死ぬまでにどのような人生を送っていきたいかをまず決

めることです。「1人経営」であれば、その生き方に沿った仕事や働き方、稼ぎ方を選ぶことは可能です。

私の友人や、一緒に仕事をさせてもらっている「1人経営」の実践者のうち、「人生を楽しんでいるなあ」と感じさせてくれる人のほとんどは、自分の生き方をしっかりと決めて、それに沿った仕事をしています。

多くの会社員は、自分の生き方を仕事に反映することができません。「1人経営」であれば、自分の生き方を仕事や経営に反映することが容易です。本書を読んでいただき、それを実現させるべく、やっていきましょう。

6

「1人複業」もあり

私が会社を辞めて独立した2005年くらいは、副業が認められていない会社がほとんどでしたが、最近では認めるところが増えてきました。

政府も、国が定めるモデル就業規則を改正し、国を挙げて副業を推進する姿勢を打ち出すようです。人口が減り、会社が生み出す利益も小さくなり、ロボット化などで仕事も減ることから、ひとつの会社から得る賃金で生活が成り立たなくなるという見通しもあるのでしょう。会社から得られる給与も減らされて、それだけでは生きていけないから、仕方なく副業をするという人も増えるはずです。

そのときに考えておきたいのが「1人経営」、つまり「1人複業」です。

〝副業〟とせず〝複業〟としたのは、所属している会社での仕事がメインではなく、それと並行して「1人経営」を同列に考えてやっていったほうがいい、という考え方からです。「1人複業」と言っても立派な事業なわけですから、それ一本でも生きていけるくらい真剣に取り組み、うまく運営していかなければなりません。もちろん、会社員としての就業中はそちらに100%集中して取り組まなければならないでしょう。すると、2つの人生を生きているような感じで疲れてしまうかもしれません。

そんなことから、**「1人複業」を行う場合には、あまり手のかからないもの、時間を取られないものに取り組むことが求められます。**

例えば、ある程度準備してあとは放っておけばお金が増えていくような各種投資なども考えられますし、ネット上などにコンテンツを生み出すようなビジネスもありでしょう。両方とも、一定の労働時間は必要となりますが、ある一定の場所や一定の時間に拘束されるわけではないので、「1人複業」としては有力候補になるでしょう。

会社での仕事の傍らアルバイトをするとか内職をするなど、時間を拘束されるものは、体力や健康を考えた場合にはやはり避けるべきですし、会社を作り、人を雇用して仕事をしていくとなるとこれも大変です。会社での労働、会社からの給与だけでは食べていけないときは、「1人複業」を検討してください。

7

「1人経営」は、複利で大きくせず、利益は他に投資する

話が大きくシフトしますが、「1人経営」の〝利益〟について考えてみたいと思います。通常、会社を作ってそれを大きくしていく過程では、得られた利益を〝複利〟で増やしていくことになります。

〝複利〟とは、言うまでもありませんが、得られた利益を毎回元本に組み込み、その元利合計に対する利息（や利益）を得ることで、雪だるま式に大きくなっていくことを言います。

通常の経営においては、売上を多くして経費を少なくして（経費を使いすぎる場合も多いですが……）、利益を多く上げるようにします。その上がった利益は、人を雇ったり設備に投資したりして、さらなる売上（利益）の増加に結び付くように投資していきます。それを繰り返していくということは、〝複利〟で会社を大きくしていくということになり

ます。つまり、利益を会社の資産に組み込み、その増えた資産を使ってさらに利益を増やし、またさらに増えた利益を資産に組み込んで、利益を増やしていく……という流れになります。

しかし、「1人経営」は、1人でずっと経営していくわけですから、複利の力を使うことができません。

得た利益を、人を増やすとか設備に投資するなどしたら、会社の規模が大きくなってしまうわけですから、「1人経営」の前提が崩れます。人を増やさず、設備などの資産だけを増やしていくという手もあるかもしれませんが、そうなると結局、管理のために人手が必要になり、「1人経営」の意味をなさなくなります。

そうなると、得られた利益をどうするか、という問題が出てきます。人的投資や設備投資に回さないとすると、預金として置いておくことになってしまいます。預金で置いておいても別に問題はないのですが、利息もほぼつかないのでそれはもったいない。それなら、他のところに投資しましょう、ということになるのです。

私がおすすめしたいのは、**「金融商品」など、「1人経営」でやっていく事業とはまったく関係ないところに投資することです。**

投資先は不動産でも何でもいいのですが、**事業とは関係ない、かつその資産に投資すれば、複利で増やすことができるもの**にしましょう。

また、その**資産の増加のために手がかかるものは避けるほうがいいでしょう。**資産を増やしていくために例えば人手が必要になってしまったら、結局「1人経営」をやっている意味がなくなってしまいます。自分の時間が使われてしまうようであれば、「1人経営」のほうがおろそかになり、利益が出なくなってしまう可能性もあります。それだと何をやっているのかわからなくなります。

ある程度学べば、例えば世界の株式に分散投資できるような投資信託（あくまでも一例）などに投資して、資産を少しずつ、かつ複利の力を使って、大きくすることができるようになるでしょう。

「1人経営」で利益を出すことも大事ですが、その得られた利益をどう運用していくかということも、とても大事です。考え、学び、それができるようにしたいものです。

第2章

あなたにも必ずできる「1人経営」

1 今の会社での仕事と、「1人経営」とを比較してみる

「1人経営」をはじめられるようになるために、不安を少しずつ解消していきましょう。

まずは、表題にもある通り、今の会社での仕事と、「1人経営」を比較します。

比較すると言っても、同じ（ような）仕事をやっていこう、というわけではありません。

今やっている仕事に関連していることでもいいですし、今の仕事で培っているスキルを利用できる仕事でもいいです。

要は、今の仕事を続けていくのが得策なのか、それとも完全に切り替えて「1人経営」で生きていくのか、それとも第1章で触れた「1人複業」でいくのか、将来のことを見通しながら比較検討していこう、ということです。

まずは仕事の内容面から考えましょう。「1人経営」でやろうとしている仕事が、今所

属している会社でやっている仕事とリンクしているのか、これまで培ってきたスキルを活かせそうなものであるのか、それともそうではないのか。

「1人経営」で売上を上げていくためには、まず、お金をくれるお客様（特定の会社や人でもいいですし、一般の人々でもOKですが）がいることが大前提になります。**今の仕事からお客様獲得に結び付けられる何かがあるのかないのか、今の会社での仕事と関係なくお客様が見つけられそうなのか、などということを考えてみてください。**

売上は必ずしも相対（人対人）で上げなければいけないものでもありません。一般の大勢の人から少しずついただくこともできますし、市場などから利益を得ることも可能ではあります。ただ、今の仕事を「1人経営」の売上に活かせるのであれば、道徳的・倫理的なことを守った上で（例えば、担当しているお客様を奪ったりしないで）、利用させてもらうのは悪くないでしょう。

次に時間の使い方という意味で、会社で働いている時間と、これから「1人経営」で働く時間とを比較してみます。今、会社での労働に時間が取られすぎていて、仕事以外のことが何もできないといった状況であれば、「1人経営」に転身することで〝労働時間〟を少なくして、自分の時間を持てるようにしたいものです。

これからの時代は、長時間労働をしてお金を得る、といった時代ではなくなります。新しい技術を効率よく使って仕事をして、労働以外の時間を自分を高めるための時間として使うことが大切になっていきます。

今の会社での労働もそうですが、「1人経営」においても労働にはまってしまうことは避けたいものです。好きなことをして時間を忘れてしまうのであればいいのですが、それほど好きでもないことを長時間やるのは体に悪いだけです。そのあたりも、今の仕事と今後の「1人経営」でどう変わっていくのか、比較して検討しておきたいところです。

そして、お金の問題です。**今の会社での仕事でどれくらいの給与が得られているのか、また、時給換算すればどれくらいになるのかということを改めて考えます。**

私も、以前勤めていた会社では割と充分な給与をもらっていたように思います。子どもが2人いて、家も買ってしまってローンがたくさんあったので、そのままいるという選択が賢明だったのかもしれません。妻にも反対された時期がありました。しかし私の場合、「1人税理士」としてどれくらい稼ぐことができ、どれくらい使うのかを事前に計算し、やっていけるという確信ができたので、思い切って独立しました。

多くの人はかつての私と同じような状況に置かれているのではないかと察します。そこでまずは、**今の給与、今後の給与の伸び、そして「1人経営」を開始した場合の来年再来年、数年後、十数年後がどうなるのかを計算してみましょう。**

会社からもらう給与と違って、「１人経営」で得ることのできるお金は、自分で何とかコントロールして、何とか増やしていくことは可能です。やや保守的、でも少し攻めた計画（微妙ですが）を立て、今後やっていけるのかということを検討してみましょう。

必要のない支出を減らせば何とかなることも多く、計画を立てることでわかってくることもたくさんあります。お金の不安を解消するために、まずは今後の計画を立てるところからはじめてみましょう。

このように、仕事・時間・お金面から、今の仕事でいくのか、これから「１人経営」をやっていくのかをよく考えてみてください。

2

能力はあまり必要ない

「1人経営」をやっていくにあたり、いわゆる「能力」はそれほど高くなくても問題はありません。卑近な例で恐縮ですが、私の場合をお話しします。

私は「1人経営」をもう10年以上やっていますが、まずまずうまくいっていると言えます。大した報酬を得られているわけではありませんが、多額の学費がかかる子ども2人を養いながら、ギリギリではありますがやっていけています。

「1人経営」は規模を大きくしていくものではないので、大きな報酬を得ることは難しいかもしれませんが、その可能性も秘めつつ、ギリギリで生きていくのが醍醐味でしょう。

失礼な話かもしれませんが、私のように大した能力を持っていなくても、うまく「1人経営」を続けている人はたくさんいます。うまく仕組みを作り、必要最低限の売上が途絶えないようにしている人もいれば、売上がうまく上がらなくてもほとんど経費がかからないため、「１人経営」を楽々維持している人もいたりします。そこにあまり突出した能力は必要ありません。

突出した能力よりも必要なのは、「自分で検証してルールを決め、それを愚直に守り続けていく」ことです。

例えば街のカフェ経営をするにしても、まず立地から客数の目標を求め、その目標値はできる限り小さくする。そして原価を小さくするためにはどうすればいいかを考え、続けていくにはどんなメニューを出せばいいかを決める。また、経費もどれくらいかかるのかを考え、経営計画を立てます。

その経営計画を愚直に守りながら、少しずつ改良を重ねていき、ずっと継続して同じことをやっていく。これが「１人経営」に求められるのです。

前述のカフェであれば、１日何人のお客様が来店すれば利益が出るのかを計算し、その計算に合わなければ微調整し、原価や経費を抑えながら毎日毎日同じことを繰り返していく。強いて言えば、「１人起業」には、これができる「能力」が求められるのかもしれません。

志と、続ける力があれば誰にでも実現可能なのです。

3

年齢は関係ない。65歳からでも75歳からでもできる

「1人経営」に定年はありません。また、「今からやっても遅すぎる」なんてこともまったくありません。80歳から事業をはじめ、大きくしていくというのは容易ではないですが、「1人経営」ならば、たとえ70歳、80歳、90歳になっても開始することは可能です。

自分で勝手に限界を決め、「もう60歳を過ぎているから、これから経営なんてできないでしょ」と思ってしまったら、もう無理なのかもしれません。しかし、自分を信じて、いつからでもやれる、と前向きに考える人には、「1人経営」は温かい目を向けてくれます。

「人生100年時代」の「1人経営」においては、長く続けられることが条件となります。

例えば65歳で事業をはじめたとすると、100歳まで生きる場合はあと35年もあります。

若いうちにパッと派手に儲けて花を咲かせて、あとはどうなるかわからない、というので

はなくて、細く長く、ずっと続けていけることをやっていきたいものです。

「１人経営」では、事業を長く継続していくためのコントロールが容易です。**はじめに長く続けるという前提に立って事業を設計し、その通りに毎日毎日コツコツとこなしていけば、よほどのことがない限り、続けていくことができるでしょう。**

長く続けるためには、はじめの設計が肝心となります。

事業を大きくしていくことと、長く続けることは反比例することが多いです。はじめから、ずっと「１人経営」でいくと決めると、〝変数〟が少なくなり、環境の変化や天変地異、周りの状況変化や景気などにも左右されづらくなります。

経営を長く続けるためには、〝変数〟を減らしていくことが大事です。

「１人経営」でやることの多くが、高い年齢でもやれるものですし、そういったものを選んでやっていけばいいわけです。何歳であっても、若いときに戻ることはできず、「これからの人生の中で、今が一番若い」ということは確かです。計画を立て、事業を設計して続けられるようにやっていきましょう。

4

「健康」で「決めたルールを守れる」なら「1人経営」はできる

「1人経営」において必要なことはいくつかあるのですが、結論から言うと表題通り、健康であって、決めたルールを自分で守っていけるのならば、問題ないと言えるでしょう。

決めたルールとは、将来のために毎日やるべきこと、将来のためにやらないこと、お金の使い方、時間の使い方（いつ、何をやるか）などです。

つまり、「1人経営」をこれからやろうとする人は、**健康第一の思考になって、自分でルール作りができて、そのルールを守っていける精神力のようなものを身につけることが必要になります。**

すでに身についている人は問題ないですが、そういった資質は一朝一夕には身につきません。それと逆のこと（ルールを決めず、決めたとしても自分で作ったルールを守れない）を続けてきてしまった人は、身についてしまったその習慣を直すのが難しいものです。だから、「1人経営」をするとなれば、日頃から意識していかなければなりません。

まず、健康について。「1人経営」に限らず、人生１００年時代と言われるこれからは、より意識を向けることが大切になります。

長生きするのであれば、なるべく健康に長生きするべきです。だから**何よりも「健康第一」、仕事よりも健康です。**

健康のレベルは人それぞれでもまったく問題ありませんが、自分が健康だと思いながら生きていかなければ、幸せの度合いは減ってしまいます。

昭和時代はとっくに終わり、平成も終わりましたが、企業の右肩上がり志向はあまり変わっていません。多くの人は仕事にかけ、多くの時間を費やしています。会社から求められるのは右肩上がりなのに、実際の景気は横ばいもしくは右肩下がりということになると、うまくいかないことや軋轢《あつれき》が増え、ストレスが溜まってくるのです。

労働時間が増え、ストレスも増えると、何らかの病気が発生したり、突然死の原因にもなったりします。楽しいことをずっと続けるのはいいですが、長時間労働をずっと続けるのは危険です。ある程度のところでやめて、リラックスすることも計画しておかなければなりません。

今、労働者として働かされているという意識があるのであれば、そこから抜け出して、「1人経営」であまり仕事を詰め込みすぎないようにする計画を立て、それをやっていくほうが人生にとっていいことなのかもしれません。

ずっと健康であれば、仕事も幸せに楽しくやっていけるものです。まずは健康を第一に考え、健康にとってよくないことはやめていきましょう。


「1人経営」においては、計画を立ててそれを実行していくことがとても大切になります。無計画に事業をはじめてしまうと、人を雇わないと事業が立ち行かなくなってしまったり、自分の労働時間が異常に増えてしまったというような事態も起きてしまいます。労働時間が増えすぎることは健康によくありません。健康第一の考え方をする場合、問題となります。


売上や経費の計画を決め、それを守っていくことも大切です。

売上が増えることで規模が大きくなってしまったり、経費がかさんで利益が出なくなったりすると、「1人経営」としては立ち行かなくなってしまうことも多いです。規模を大きくしないで利益を出していくことが格好いいですし、ずっと続けていくことができる要因となります。

どんなことでも同じですが、**「計画」を立て、それを着実に「実行」していくことが、とても大切になります。**言い換えると、「1人経営」における自分のルールを決め、それを守っていくことが大切です。

計画を立てるためには勉強し、正しい知識が必要になりますが、間違っていない計画さえ立てられれば、あとはそれを守っていくだけです。実際には、ルールを守り続けていくのが難しいですが、それさえできれば、どんな人でも「1人経営」を続けていくことは可能です。

今から準備していきましょう。

5

「資金」の不安を解消しよう

どんな事業でも、開業するための「資金」はある程度必要となります。「1人経営」であっても、身ひとつで資金ゼロからはじめられるものは多くなく、やはりある程度の資金があるほうが有利に進めていくことができます。しかし、多額の資金が必要というわけではないので、それほど心配する必要はありません。具体的に「1人経営」をはじめるためにはどのくらいお金を用意したらいいかということは、第3章－3で述べます。

そもそも、多額の開業資金を要するような事業は、「1人経営」には不向きです。多くの機械装置を必要とする工場を持つような事業は1人でやっていくのは難しいでしょうし、もちろん自社ビルを持ったりする必要もありません。

「1人経営」においては、なるべく初期の投資にお金がかからないものを選ぶべきでしょう。**人がたくさん収容できるような大きな箱を買ったり借りたりしないこと、事務所も華美なものにしないこと（自宅で充分な場合も多いはず）、機械とか備品も高価なものを買わないことを守れば、初期投資を抑えることができます。**

はじめから形を整えようと、いいものを買ったり借りたりしたら、そこからあと戻りすることができなくなり、どんどんお金がかかってしまうというスパイラルにはまることもあります。はじめはフラットに、何もないところからはじめるくらいの考えのほうが、うまくいく場合が多いのではないかと思います。

今はパソコンもいらず、スマホ1台だけでも事業を充分はじめられる時代です。あとは自分の脳をクリアにして、発想を豊かにしておけば、何でもできると言ってもいいでしょう。自分の脳を鍛えるには、ある程度のお金（本などの自己投資）が必要かもしれませんが、脳ひとつでも事業を開始することが可能です。

事業をはじめようとしているような方は、いろいろと勉強をしていると思います。勉強の過程で初期投資のお金が不安になる人は多いのではないかと思いますが、初期投資などなくても何とかなる、ということをここで強調しておきたいと思います。

6
どんな仕事を選んでも、ほぼ何とかなる

私が事業をはじめようとしていろいろなことを学んでいた十数年前、「成功する事業」と「うまくいかない事業」の違いなどが、いろいろなところで書かれたり教えられたりしていました。例えばこんな事業はやっても意味がなく借金が増えるだけとか、あんな事業はやってもうまくいかない、食っていけないなどと言われていました。

私も、15年前に独立しようと決めた際、会社で一緒に働いていた人たちに言われました。「今から独立しても、家族を養っていけないよ」と。しかし、いろいろ検討して最終的には独立を選び、ゼロからスタートして何とか形になりました。

これから「1人経営」などで独立して自分でやっていこうとする人には、「食っていけない」攻撃が襲いかかってくるかもしれません。でも、大丈夫です。しっかり計画を立て、それを毎日地道に実行さえすれば、やっていけます。

時代はますますいい方向に変わりつつあります。ボーダレス化、グローバル化、自由化などが進み、時代が大きく変化した今（これからももっと変化していきますが）、どんなことをやっても、やり方次第で大抵のことをうまくいかせることが可能になってきています。

ただひとつ、**「1人経営」をやる上での条件を挙げるとすれば、「粗利率の高い事業」をやることです**（粗利率のことについては、第5章－4で詳しく書きます）。

「何をやっても食べていける」ことの大きな理由として挙げられるのは、「『1人経営』は、自分のライフスタイルに合わせてやっていくことができるから」というものです。

通常、事業とか経営とか仕事は、ライフスタイルとか人生そのものと切り離して考えることが多いのではないかと思います。「人生をどう生きたいか」から、「どのような仕事をしていくのか」を考えて、仕事を選択する人もいるでしょうが、多くの人はプライベイトと仕事を切り離して考えています。

仕事は仕事で一生懸命、稼げるように頑張っていく。そして残りの時間は人生を楽しむ、と考えている人が大半で、仕事を自分の人生の中心に置いた生き方をしているのではないでしょうか。

そのような人は、仕事を一生懸命頑張ってたくさん稼いだり、尊敬される人物になったり、のし上がっていったりすることを考えるでしょう。充実した人生はその仕事の結果として生まれてくる、ということになるかと思います。


しかし、私がおすすめする「1人経営」の考え方は全然違います。まずは**自分の人生がありきで、人生をどう過ごしていくか、ということを第一に考えます。**そして、**その生き方やライフスタイルに合った仕事を選ぶ**、という順番で決めていくのです。

豪華で瀟洒《しょうしゃ》な暮らしがしたい場合は、それなりに稼げる仕事を選んでやっていけばいいし、シンプルにお金のかからない生き方をしたい場合は、それなりの仕事を選んでコツコツとやっていけばいいということになります。

例えば同じ「飲食店経営」でも、儲けたい人は大規模にやっていけばいいし、生活のため、最低限の売上を上げれば充分という人は、1日の売上を数万円に設定して、その通りに運営していけば充分生活していけます。

このように、自分が決めたライフスタイルによって「1人経営」をコントロールしていけるわけですから、最低限の売上、利益が確保できるのであれば、別に何をやろうと「食っていけない」なんてことはなくなります。

言い方を変えれば、自分が決めた生き方を守るために経営をしている、ということになります。なので生き方が守れるのであれば、何をやってもいいということになります。その事業が大して儲からないとしても、自分が決めた生き方ができるのであればＯＫなのです。

これから日本はおそらく、ベーシックインカム（最低限所得保障）的なものも導入され、仕事をしなくても生きていける世の中になるのではないかと想像しています。稼ぎたい人はたくさん稼げばいいいし、そうでない人はあまり仕事にこだわらなくてもよくなるでしょう。それを考えても、「どんな事業をやっても大丈夫」と言えるのではないでしょうか。

7

「大丈夫なの？」という人がやれている世界

「私は経営なんてできない」と思っている人は意外に多いのではないでしょうか。でも大丈夫です。私もそうですし、私の周りにも「この人大丈夫かな？」という人が、存分に力を発揮して、やっていけています。

能力があって、仕事ができ、容姿端麗、誰にでも好かれるという人であれば、何をやってもうまくいくはずです。でもほとんどの人は、そういうわけではありません。活躍している人が目立っているのであって、それ以外の人は**本当にコツコツと、地道にやっていく必要があります。**

平成の時代までは、有名人であるとか能力がとび抜けている人以外は、人を雇い、規模を大きくしてやっていくのが主流でしたし、それでなければなかなか儲からない、という実情もありました。

しかし、これからは違います。経済が右肩下がりになる中、多様性が求められてきます。**間隙を縫うようなサービスを提供するとか、特定の人の役に立つような仕事をやっていけば大丈夫です。**

私も特別な能力はまったくありません。自分で決めたことが守れず、甘い生き方をしてしまうこともあります。仕事もそれほど好きというわけでもなく、生活や家族を養っていくためにたくさん頑張らなければいけないからやっている感じです。

幸いなことに、いいお客様がいて、執筆などの仕事もある程度あります。能力がそれほど高くないので毎日ヒーヒー言いながら頑張っていますが、大丈夫です。何が起こるかはわからないので１００％ではありませんが、数年はこんな感じで続けていけるでしょう。

特別な能力や才能などは必要ありません。自分で設計をして、それを毎日コツコツと続けていけるだけで、「１人経営」は成功です。

本書を読む勉強熱心なあなたであれば、間違いなく大丈夫です。

8 万が一ダメだったときのリカバリー策もある

ここまで「1人経営」のメリットや、誰でもできるということを説明してきましたが、あまりうまくいかない場合も考えられます。

コストを究極に下げていれば売上は多くなくてもいいのですが、売上がまったく上がらないなんてこともあるでしょうし、意識していてもコストがかさんでしまうこともあるでしょう。何らかのトラブルに巻き込まれたり、ミスによる損害を与えてしまったりすることも考えられます。

でも、それですべてが終わり、というわけではありません。リカバリーができるのが、「1人経営」のいいところです。そして、「ダメでもそのまま充分やっていける」のも、「1人経営」なのです。

第３章－３で詳しく説明しますが、「１人経営」では、少ない〝資本〟を回転させて、その資本から利益を得て、その利益を少しずつ積み重ねていくことが大切です。**規模を大きくしないために売上は少ないかもしれませんが、コストも少なく、赤字になりにくいという性質があります。**仮に赤字が出て、累積の赤字が資本を超えてしまうと、債務超過という状態になるわけですが、それでもすぐにつぶれるわけではありません。

大きな会社であれば、支払いもその分大きくなり、手形取引や銀行引き落としが多くなります。預金口座からお金が引き落とされるときに預金残高が足りなければ、そのあとの取引に影響を及ぼし、倒産してしまうこともありえます。

もちろん、小さな会社でも、お金が不足し、事業を続けられなくなることはあります。しかし、大きな規模の会社の倒産と違い、よっぽどのことがなければ負債総額も小さく、破産などしなくてもそのあとコツコツ返していくことは可能です。

そもそも「１人経営」は、無借金で行う場合も多く、倒産とか事業を続けられなくなる、ということになる可能性自体も小さいです。

もし仮に事業を続けられなくなってしまったとしても、また新たな事業を見つけてやっていくことは可能です。新しい事業のために用意する資本（資金）も少なくていいわけですから、リカバリーも容易です。

要するに、**そもそもうまくいかないことが少なく、うまくいかない場合のダメージも少なく、気軽にはじめられる**のです。そして仮に失敗をしても、その失敗があとに影響を及ぼすことがほとんどありません。

簡単にはじめられるので、**複数の事業を同時にやっていき、うまくいかないものはやめて、うまくいっているものだけを続けていくという方法もありです。**

とにかく余計なプレッシャーとかストレスを感じることなく、気楽にやっていけるのが「1人経営」のいいところです。

そんなことを言うと苦労して経営をしてきた先人に怒られそうですが、時代が違うので気にしても仕方がありません。これからもどんどん多様化・分業化していきますので、その一端を担うためにはどんどん小さな事業をはじめていき、うまくいったものを残していくということが必要となります。

うまくいかないこともあるでしょうが、それはそれで想定内にしておきます。

ひとつのことに人生を懸けるのもいいですが、多くのことに人生をかけ、ゆっくりとやっていき、最終的に自分がこれというものを残していく、という生き方も今後はありなのではないでしょうか。

そんなことを考えると、気楽にはじめられ、ダメでもまたリカバリーできる「１人経営」が今後の世の中には必要になってくると考えられます。

9 「1人経営」適性度チェックリスト

ここまで読んで、「1人経営」なんて自分はできるのかなあ、と思った人も多いと思います。しかし、「1人経営」は、ある程度の適性があれば誰でも可能です。ここで、適性をはかるためのチェックリストを見てください。

下記に当てはまるかどうかを考え、［はい・いいえ］のいずれかで答えてください。

1. 計画を立てるのが好きだ　はい・いいえ
2. 経営者として有名になり、大きなお金をつかみたい　はい・いいえ
3. 好きなことを仕事にするのが一番いいと思っている　はい・いいえ
4. アーリーリタイヤして、老後は悠々自適に暮らしたい　はい・いいえ
5. 人がたくさんいるところが苦手。なるべく家にいたい　はい・いいえ

6. 働くオフィスは便利な場所にあり、おしゃれな感じがいい　はい・いいえ
7. 車は安くても安全で燃費のいいやつがいい。何ならなくてもいい　はい・いいえ
8. 経営者は交際費などの経費を多く使わないと一流になれない　はい・いいえ
9. お金はなるべく持ち歩かず、キャッシュレス時代に対応する　はい・いいえ
10. 経営者たるもの会社を成長させ、上場を目指すべきだ　はい・いいえ

「はい・いいえ」に答えたら、まず、奇数番号の設問の「はい」を集計してください。そして、偶数番号の設問は「いいえ」を集計してください。その合計の数が、「１人経営」の適性度となります。

〈「１人経営」適性度〉
10～8：大いに適性あり
7～5：まずまずの適性あり
4以下：あまり適性はなさそう

ただ、この結果を鵜呑みにしないでください。適性がないとしても、これから本書を読んでいただき、大事なことを頭に入れ、それを実行していただければ、必ず「1人経営」をうまくいかせることができるでしょう。

前記のテストは、あくまでも現時点での適性度であり、適性度が高い人はそのまま突き進んでいけばいいし、適性度がまずまずな人、あまりない人でも、これからの考え方や実行のやり方次第では、いくらでも「1人経営」をうまくいかせることは可能です。

第3章

「1人経営」の準備をはじめよう

1

1年後にはじめるための準備

「1人経営」をはじめるためには、事前の準備が大切になります。準備をせずにスタートするとうまくいかないことが多いでしょう。

陸上の100mなどの走る競技では、止まった状態から一斉にスタートしますが、スタート地点の後ろから走り出して、ピストルが鳴ったときにちょうどスタートラインを越えられれば、私でももしかしたらトップランナーにも勝てるかもしれません。「1人経営」の起業においても、スタート時点ですでに走り出していれば、スタートダッシュを決めてうまくいく可能性が高まります。だから準備はしっかりしておきましょう。

「1人経営」の準備の方法として、まずここでは1年後にスタートするときのことを考えてみましょう。

「1人経営」の準備で大切なポイントは「何をやるか」「資金」「勉強」の3つです。

まず、「何をやるか」ということ。これは第1章や第2章でも触れましたが、自分が選んだものであれば何でもよく、選ぶこと自体が大切で、その選んだものを「1人経営」でうまくいくための型に当てはめていこう、ということでした。ですので、準備段階で「決めてしまって、もう動かさない」ことが大切になってきます。

1年後に「1人経営」を開始するのであれば、まず**「何をやるか」を早い段階で（開始する9カ月前か半年前には）決めてしまいます。**決めるためには、まず自分が好きなことやはまれること、飽きずに続けられることをリストアップし、その中から「これはどう考えても商売にはならない」と判断できるものを除外していきます。

商売にならないかどうかの判断基準は、もし他人がその商売をしていたら、自分は年間いくらくらいその商品やサービスを購入するか、またそのサービスを購入する人数が年間何人くらいなのかをしっかり考えます。そして、その売上が、自分が運営していく「1人経営」の基準（計算方法は第5章などで別途詳述）を超えているか、ということを判断することになります。超えていればそれでOKですし、超えていなければその他の候補から選んでいくこととなります。その候補はいくつか用意しておくのがいいでしょう。

次に、「資金」の準備です。**最低限の資金は用意する必要があり、1年後にスタートするのであれば、それを1年で作らなければなりません。**この準備段階の1年は、「1人経営」をうまくいかせるために、これまでやってきたことを我慢するなどして、備える必要があります。つまり、1年以内に迫った「1人経営」の開始を見据えて、生き方を変え、欲を抑制し、その起業に備えるのです。

例えば会社内での飲み会などは、「1人経営」を見据えると必要のない場合が多いはずですので、これまで3回行っていたところを1回にするなどします。また、服とか高い食事、ギャンブルなども、とにかく1年は準備のためにやめるなどしてお金を貯めていきます。

1年間で作れた資金がそのまま、「1人経営」の元手となると考えてください。「1人経営」の資金は少なくても大丈夫ですが、それでもある程度はあったほうが便利です。貯めた資金は「1人経営」の資金として使わなくても、生活余裕資金にすることも可能です。これまでとは考え方を改め、余計な出費をなくし、ある程度の蓄えを作りましょう。

「1人経営」を1年後にはじめるための準備として最後に大切なのは、「勉強」です。**一番効果的なのはやはり「本」でしょう。**やると決めた分野に関する本を数十冊読破してみてください。「合わないな」と思ったものは途中で読むのをやめても構いません。「これは大事なことがたくさん書かれている」と判断した本は、何度も繰り返して読むのがいいです。

人が話して教えてくれる動画やセミナーも勉強になります。

ただ、内容によっては時間の無駄となるものもありますので、よく吟味して選んでください。読んだ本の著者やその関係者が話しているものを中心に選べばいいのではないでしょうか。

セミナーのいいところは、終了後の懇親会などで同士や師匠になるべき人と巡り会う可能性があるところです。ただ飲んで騒ぐだけの懇親会では意味がありませんが、同士や師匠を見つけられたら価値はあります。そのあとの営業につながる可能性もあります。

とにもかくにも、1年後に「1人経営」をはじめるのであれば、これまでとは生活を変えて、その準備に没頭しましょう。これまでやってきたことは、「1人経営」をはじめてからでもできます。あくまでも「気楽に」でいいのですが、まずは準備に没頭し、スタートダッシュを決められるようにしてください。

2

3年後にはじめるための準備

1年後に「1人経営」をはじめることは難しい、という場合もあるでしょう。そのようなときは、3年後（別に2年後でもいいですが）にはじめる、と目標を立て、やっていきましょう。そもそも、「1人経営」をはじめるために、それほど時間は必要ありません。若ければ若いほど有利です。だから、まだはじめることが何も具体的になっていない場合は、3年後にはじめる、などと決めてしまってください。

家族を養わなければならず、今の仕事をすぐに辞めるのはちょっときつい、という場合もあるでしょう。そんな場合は、**働きながら「1人経営」を開始して、少しずつ軌道に乗せていくやり方や、今から「1人経営」をはじめる準備を丹念にやって、3年後にスパッと切り替えるというやり方**が考えられます。

3年ではなくて2年でもいいですし、もう少し時間を取って、4年でも5年でもいいです。例えば子どもが高校生や大学生の場合、あと何年で学費や生活費の扶助がなくなるか決まっていると思います。その年数を計算して、子どもが大学を卒業したタイミングで「1人経営」を開始する、などと決めてしまいましょう。

私は現在、大学2年と高校3年の子どもがいて、浪人や留年、大学院に行ったりしなければあと5年ですべての子育てが終わります。そういう場合は5年後にはじめる、という計画を立てるとか、上の子が卒業する3年後、などと決めてしまうのがいいでしょう。

もしくは、今57歳の人は、60歳になったら「1人経営」をはじめるとか、今38歳であればあと2年後の40歳からはじめるとか、自分の年齢で考えてみてもいいかもしれません。

とにかく、決めないといつまでもはじめられないので、「あと○年で『1人経営』をやる！」と決めてしまってください。

別に今の仕事を辞めなくてもできるものも多いですから、気楽に考えて、決めてしまうのが一番です。本当は、すぐにでもはじめてしまえばいいのではないかと思いますが、そうもいかないでしょうから、まずはスタート時期を決めてしまいましょう。

さて、例えば3年後に「1人経営」をはじめる場合の準備ですが、1年後と違って時間がある程度あるわけですから、しっかりスタートダッシュができるようにいろいろと準備できることはあるはずです。

まずは、**自分がやりたいこと、やっていて楽しいことや苦にならないこと、好きなことは何かということを徹底的に考えてみましょう。**その中でも1本芯が通っていることがあるはずです。表現は変かもしれませんが、私は、「それを前にして胸がキュンとするかどうか」を基準にしています。自分が本当に好きだな、と実感できることをやるにあたっては、本当に胸が軽く締め付けられるのです。野球に関することとか競馬などのギャンブル、お金が絡んでくることについては、特に胸がキュンとなります。それを大事にして、その感覚が持てるものをやっていくようにしています。

また、**自分が得意であり、人に評価されやすいものを選ぶのも重要です。**私の場合は、何かを書いて、それを読んでもらうことが割と得意だと自覚していますので、それを基準にやることを決めています。逆に丹念に細かい仕事をやっていくのは得意ではなく、なるべくやらないようにしています。

じっくり考えて自分がやることを決めるというのは大切です。「1人経営」をはじめるまでに時間があるので行ってください。

やることが決まれば、あとはそれに向けての準備をしていきましょう。

例えばユーチューバーで食べていくと決めたら、他のユーチューバーの動画を見まくり、どんな動画の再生回数が多いかなどをチェックしたりするのは当たり前です。カフェをやりたいのであれば、コーヒーの味を研究したりとか、どんなカフェをやっていけば経営が成り立って利益が出るのか、ということを考える時間を取りましょう。何をやるかが決まれば、やるべき準備も決まるはずです。

3年後なら3年後と、時間を区切ってやっていくことが重要です。時間を区切らないと、いつまで経っても準備を開始することができません。特に、あまり得意でないことはその傾向が強いですから、いつまでも開始できないようなものは、そもそもやらなくていい、ということにもなります。

きっちりとターゲットを絞って準備をしていれば、３年後と言わずに1年後にははじめられるかもしれません。時間がある人は、とにかく準備を丁寧にしていきましょう。そして、はじめる日を決めて、そこに向けて逆算してやっていくのです。

3

「1人経営」をはじめるために必要な金額はいくらか？

「1人経営」をはじめるための資金について考えてみましょう。

「経営の資金」というと、身構えてしまう人も多いはずです。私を含めて、多くの人は、お金をそれほど持ってはいないでしょう。会社員として活躍するなどして、たくさんの給料をもらっている人もいるかもしれませんが、それを将来の会社経営資金としてしっかり貯めている、という人も稀でしょう。あなたが普通の人であれば、経営の資金について不安を持つのは仕方ありません。しかし、それほど深刻に考える必要もないというのが本当のところです。

「1人経営」のための資金がいくら必要か、という話をする前に、まず前提として頭の中に入れておいていただきたいことが2つあります。

ひとつは、**「資本家になる」**ということです。「1人経営」をやる場合、経営者になるわけですが、同時に「資本家」になることでもあり、それを意識していく必要があります。

もうひとつは、**「自分や家族の生活と密接にかかわっている」**ということです。

さて、ここで本題の、「『1人経営』をはじめるための資金」に話を移していきましょう。

結論から言うと、**「事業を運営するための経費の4~5カ月分」があれば充分**、ということになります。3カ月分でもいいかもしれません（最初の設備投資費は含まれません）。多いほうがいいに越したことはありませんが、それほど多すぎてもうまくいかない場合があります。資金があまり多すぎると、人を雇ったり外注費や設備投資などにお金をかけてしまうことがあるからです。さらに、うまくいっていない場合でも、資金的に余裕があるために存続させてしまい、損失を膨らませてしまうこともあります。

なお、事業を運営するための経費とは、自分に支払う役員給与なども含めて、事業を続けていくために必要な経費をすべて足したもののことを言います。

第5章−3で詳しくお話はしますが、役員給与は、売上から原価（売上を上げるために必要な費用）を引いた〝粗利〟の4割くらいがベストです。例えば粗利が年間1200万円あるのであれば、480万円（月40万円）になります。

その他に、家賃や水道光熱費、車の経費、外注費、交際費など（これ以外にも多くの種類があります）の経費が必要になってきますが、これらすべての経費と役員給与を足したものが月100万円だとすると、はじめに必要な資金は400万円から500万円、ということになります。


これは普通の会社員をやってきて、家族も養っている人にとっては結構大きい金額なのかもしれません。

この金額を物理的に出すことが不可能、という場合は、毎月の事業のための経費金額を抑えるか、資金を経費の2カ月分などにしてしまうしかありません。生活費がそこまでかからないというのであれば、役員給与を下げることもできます。

はじめから豪華なオフィスを借りる必要もなく、経費もほとんどかからない、といった商売もあるかもしれません。どうしても100万円しか出せないなどという場合には、役員給与と経費で、例えば月40万円に抑え、経費の2・5カ月分を用意した、ということにするしかないでしょう。

なぜ経費の4～5カ月分を用意するか、というのには、ちゃんと理由があります。

仮に、売上を上げることができずに、経費だけがかかってしまう時期があった場合、はじめに4カ月分の資金を用意したとしても、4カ月で資金が尽きてしまいます。経費を上回る粗利（売上－原価）をしっかり上げていれば、当初の資金が減ることはないのです。4カ月も鳴かず飛ばずということは、それ以降その事業を続けても意味がなく、赤字を垂れ流してしまうだけ、という場合がほとんどです。だから、**4～5カ月ダメで資金がなくなるようであれば、その事業はあきらめましょう**、ということなのです。

つまり、**「1人経営」は、多くの資金を用意するのではなく、最小限の資金で、いきなり急角度で立ち上げていきましょうという類の事業**なのです。急角度で立ち上げられないのであれば、それをやる必要もないでしょう、ということです。

「1人経営」は、工夫をすれば最小限の資金でやっていくことが可能です。役員給与をギリギリまで抑え、自宅で仕事をはじめるなどして他の経費も削っていけば、ほんの少ない金額ではじめることが可能です。そして、**やりはじめた事業がたとえうまくいかなかっ**

たとしても、少しの資金を失うだけで、また立ち上げが可能なのです。人生すべてをかけなくてもいいのです。

事業のための資金をどう用意するか、ということで悩む方も多いでしょうが、あまり考えずに、少ない資金でやっていける、ということを頭に入れておけばいいでしょう。

[経費の例]

〈ネット商売の場合〉
・広告宣伝費
・教育費（セミナー受講、本など）
・通信費
など

〈コンサルタントの場合〉
・教育費
・地代家賃（打ち合わせ、コンサルのための場所）
・交際費（クライアントとの会食など）
・新聞図書費
・旅費交通費
など

〈飲食店の場合〉
・地代家賃
・法定福利費
・修繕費
・水道光熱費
など

売上の構成

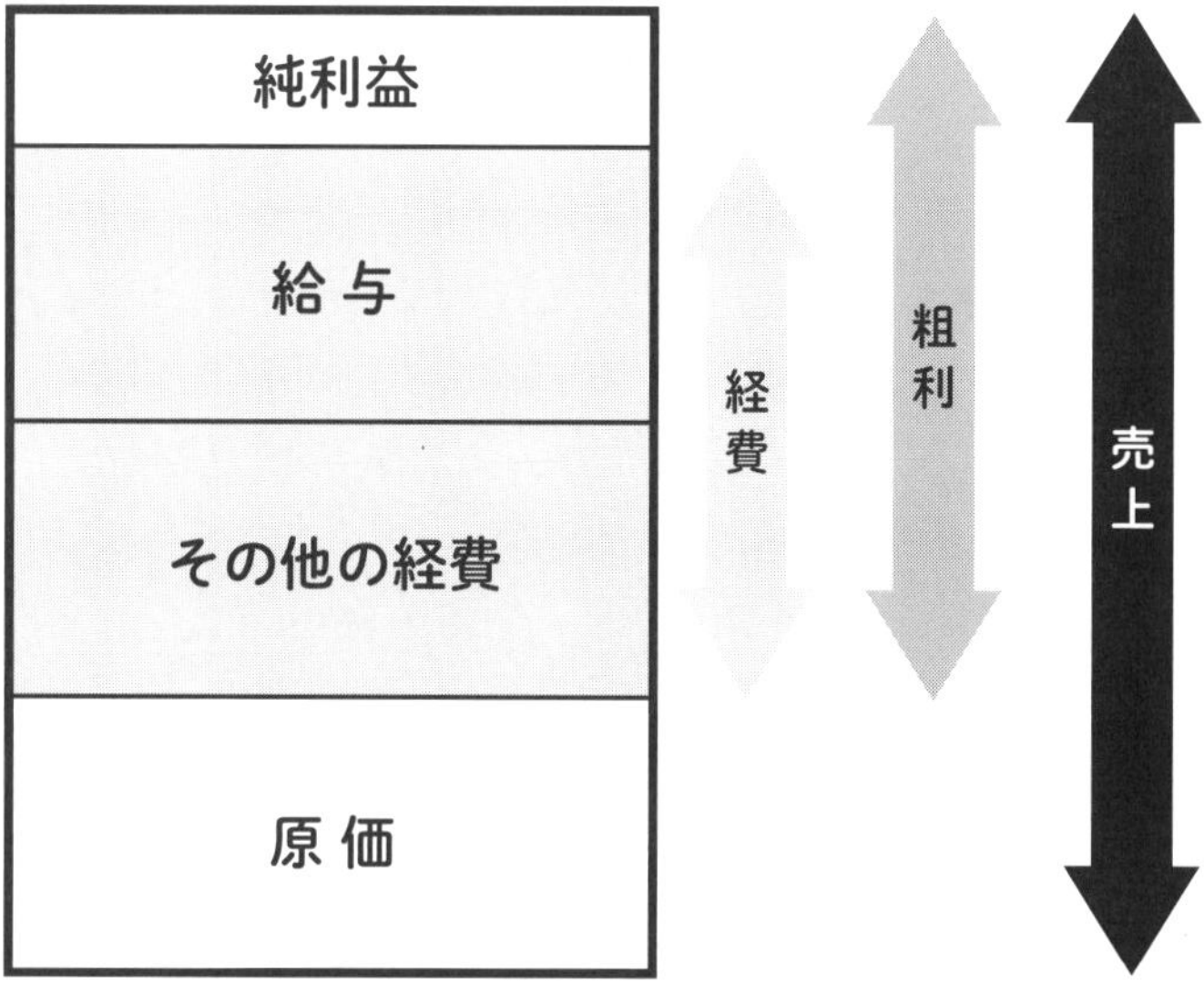

事業をはじめるための資金

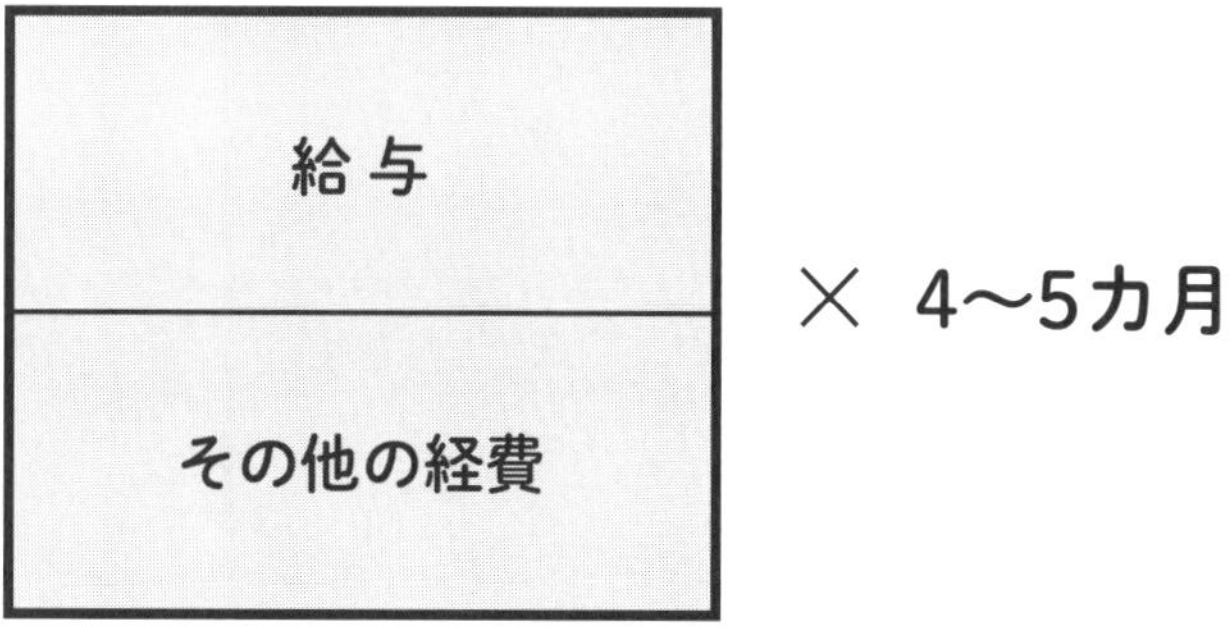

4

資金の作り方

ここで「資金の作り方」についての考察をしたいと思います。「1人経営」をはじめるための資金については前述したように、「事業を運営するための経費の4～5カ月分」ということでしたが、その資金を作るための話をします。

資金の作り方に裏技はありません。老後資金の作り方などとも同じになりますが、ある式に当てはめて考えなければなりません。その式とは、

資金 ＝ もともとの貯金 ＋ 毎月の積立 ＋（貯金＋積立額）× 運用率（運用利益率）

というものになります。

資金を増やしていく

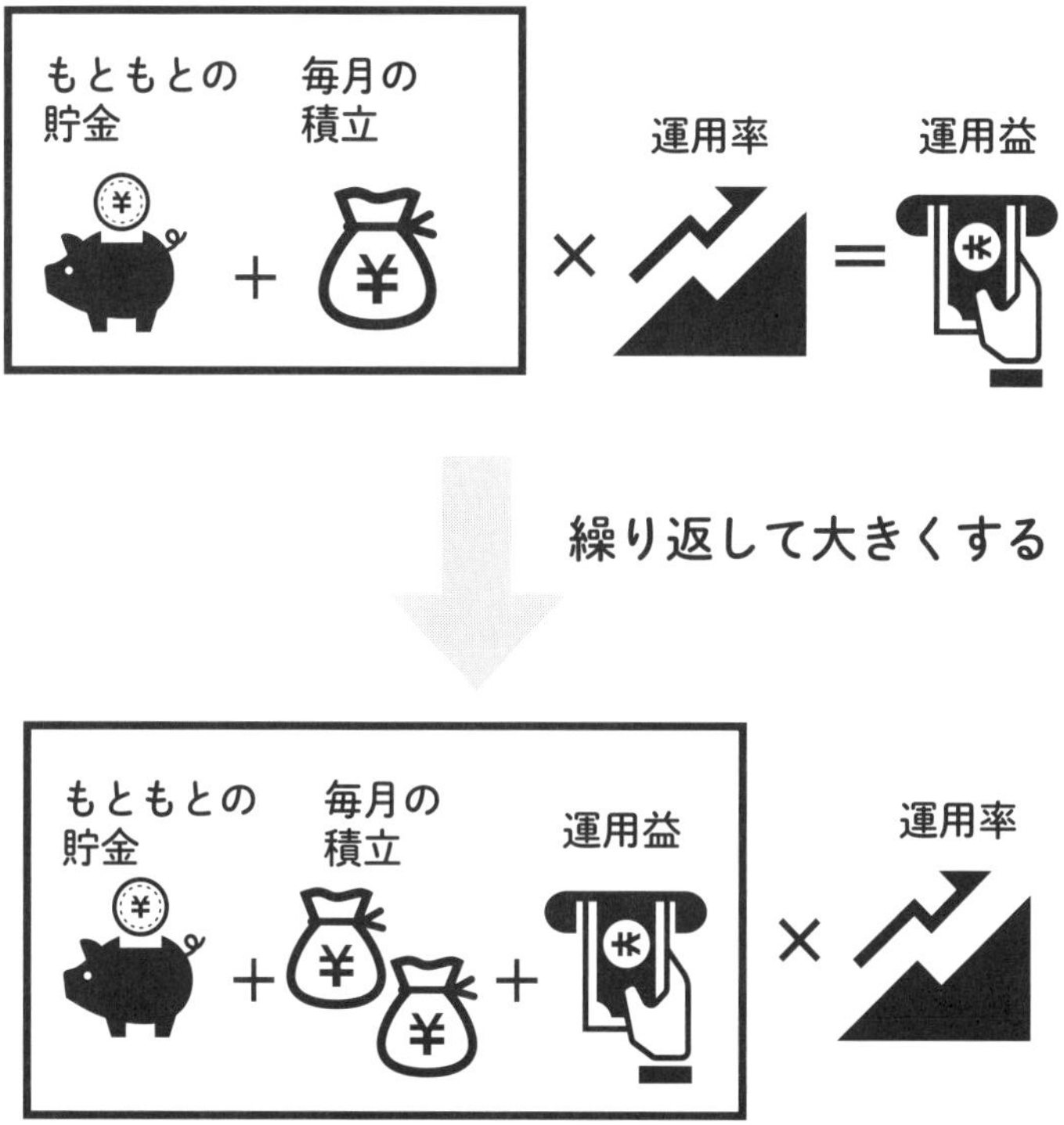

元々の貯金というのは、現在ある預金など、貯めているもののことです。ここには、親からの贈与なども入ります。その金額が「事業を運営するための経費の4カ月分」あれば、これから資金を作らなくても事業をはじめることは可能です。

もし足りない場合は、期間を決めて、毎月積み立てていくことになります。それと同時に、もともとあった貯金と毎月の積立額を合算したものを運用していき、その運用で出た利益も組み込んでいく（複利の効果を使う）ことになります。

複利というのは、元金を運用して得た利益を元金に組み込み、それをさらに運用して利益を得る、という行為を繰り返していくことです。複利の効果は絶大で、時間が経てば経つほど資金が驚くくらい膨らんでいきます。毎月積み立てながら複利で増やしていくと、資金は相当大きくなっていきます。複利はお金を増やすための基本なので、お金のことを考えるときは常に頭の中に入れておくようにしてください。

運用益は、年間3％とかならば可能ですし、うまくやれれば年間10％以上で運用することもできます。運用については第5章－7で詳しく説明します。

期間を決めて、例えば3年後なら3年後に必要資金を作るためにはいくら必要か、と計算してみてください。

役員給与は、粗利の40%という目安もありますが、ひとまず家計を維持していくためにいくら必要かという金額でも結構です。月40万円ないとやっていけないよ、という場合は、それに決めてしまってください。

経費は、なるべくコストを小さくするようにしてください。自宅でできる仕事であれば家賃も水道光熱費も新たにはかかりませんし、通信費なども最近では安くすることが可能です。備品なども家にあるものを利用すれば、それほどかかりません。車なども含め、今使っているものの使い回しができます。

役員給与と経費の計算ができたら、その4~5カ月分の金額を算出し、それを貯めるためにはあといくら必要かを計算します。それを前記の「資金の作り方の式」に当てはめて、計算していきましょう。

とにかく、期間を決め、計画を立てて資金を作りましょう。必要資金に少々足りなくても何とかなるものです。あまりプレッシャーを感じず、やっていきましょう。

5

「1人経営」をはじめるために必要なもの

「1人経営」をはじめるためには、ある程度の資金が必要、ということは今読んでいただいたばかりですが、資金以外にも必要なものがあります。

ただし、**「1人経営」をはじめるために必ず必要なものは、それほど多くはありません。**

逆に、ものをそろえすぎると、凝り固まってしまい、事業がうまくいかなくなる場合さえもあります。

「準備万端ではじめないといけないのではないか」と思われるかもしれませんが、気楽に考えていただければ大丈夫です。

「1人経営」は、身軽であればあるほど持続可能性が高くなります。

例えば、華美なオフィスがないと困るのではないかと考え、都市部のビジネス街のビルの中に、内装をしっかり施した事務所を作るとします。「〇〇会社様へ△△」などと赤字で書かれた札が刺さった胡蝶蘭《こちょうらん》がたくさん飾ってあるようなイメージです。ＳＮＳでよく見かける風景です。

経営している本人は誇らしいでしょうし、働いている人は環境がよくて気持ちいいかもしれませんが、「１人経営」にそんなものは必要ありません。

特に**これからの時代、もう事務所を構える必要もなくなってきています**。ネット環境や各種ソフト、通信手段などが整い、書類や紙も必要なくなってきています。ですから、事務所はいらなくなります。自宅で仕事をやれば充分なのです。

もし自宅に家族が常にいて集中できないとか、お客様を呼ぶことができないなどという場合は、レンタルオフィスなどの、打合せができるスペースを使えばいいですし、何なら（比較的静かな）カフェやレストランでも充分です。

１人になるスペースが欲しい、ということでしたら、ネットカフェがあります。私がよく利用しているネットカフェは、結構広い防音個室なんかもあり、そこで集中して仕事をすることも可能です。大事な昼寝だってできます。

これからは工夫次第ではものをあまり持たなくても生きていくことができるようになり

ます。いや、今もなりつつあります。「ミニマリスト」がもてはやされるのも、自然な流れです。

「1人経営」で飲食店、例えばカフェをはじめるのであれば、やはり場所（店）が必要になります。しかしそれも、〝居抜き〟（もともと飲食店として使っていたところを内装や設備込みでそのまま借りる）であれば、内装費などもあまりかからず安く済みます。「なにもないカフェ」などあってもいいのではないでしょうか。

そもそも「1人経営」なら、あまり流行らなくてもやっていけるのです（それがなぜかは、あとで詳しく書きます）。

パソコンなどの設備もあまり大したものは必要ありません。私はパソコンが好きですし、今は重宝していますが、なるべく安いものを選ぶようにしています。安くても最低限の機能があれば充分です。

パソコンの周辺機器やプリンタなどもあまり必要なくなってきています。そもそも紙をあまり使わなくなっています。どうしても必要であれば、コンビニなどで印刷やコピーするサービスも充実しています。文具などの小物も、必要性は薄れてきています。最低限のものがあればＯＫです。

こう考えると、「1人経営」をはじめるにあたっては、最低限の資金、最低限の仕事道具があれば、あとは何も必要ありません。時代がそうなってきているのです。逆に、何もないところからはじめたほうが、経費もほとんどかかることなく、「1人経営」がうまくいく確率が高くなります。

6 「何をやるか」アイデアを出しまくる

「1人経営」に準備するものはあまりないにしても、やはり「何をやるか」ということは超重要事項となります。やることがなければ、当たり前すぎますが、それは経営でも事業でも投資でも何でもなくなるからです。まずは、やることを決めましょう。そのためにはどうするか、という話をします。

「1人経営」でやっていくことは、「好きなこと」「得意なこと」がいいでしょう。〝がいいでしょう〞というより、そうでなければならないとさえ言えます。

人工知能やロボットが当たり前に人の中に入り込んでくる時代になり、好きなことでも得意なことでもないことはAIやロボットにお願いし、人間は人間にしかできないことに注力したほうが、効率がいいからです。

人間にしかできないことの多くは、創造的な仕事です。何か物事を考え抜いて新しいものを創り出すのは人間が得意なことです。そのような仕事の中で、好きなことや得意なことを選べばいいでしょう。

「好きなことや得意なことをやっていては食べていけないだろう」という意見がありますが、前述した通りの理由で、逆にそれをやらなければ、食べていけなくなるかもしれません。好きでも得意でもないことには力を注ぎにくいわけですから、効率も悪くなります。また、人にお金を払うよりも、ＡＩやロボットに仕事をお願いしたほうが安くなるのですから、ＡＩやロボットでもできることで、自分が好きでも得意でもないことでは、稼げなくなる可能性が高いです。

好きなことや得意なことは、〝夢中になってできること〟と言い換えることができます。時間なども忘れて夢中になることができ、それをずっとやっていても飽きないという状態になれば、成果は出やすくなるはずです。「１人経営」では、そういったものを探せばいいということになります。

では、どうやってそれを探すか。そんなものはないよ、という人もいるはずです。

そういうときには、ひたすら自分が好きなことや得意なことを挙げていけばいいでしょう。原始的なやり方ではありますが、スマホのメモとかノートに、一定期間毎日リストアップしていくのです。

ある程度リストが溜まったら、それを眺めながら、何をすればいいかということを考えます。**選ぶのはひとつだけでなく、2つ以上のものを組み合わせてみてもいいでしょう。**例えば本とコーヒーが好きでたまらないのであれば、「図書館カフェ」のようなアイデアが浮かぶかもしれません。

好きなことや得意なことを書き連ねて、その中から何をやるかが決まれば（複数でもOK）、それをどうやっていこうか、ということをひたすら考えます。

考え抜くことは必要ですが、「絶対にうまくいく」というレベルにまでする必要もありません。そもそも、うまくいくかどうかは、やってみなければわからないものがほとんどです。やる前に考えすぎて決められないよりも、やっていきながら改良を重ねていくほうがいいのは当然のことです。

また、「１人経営」では、後述しますが、**自分の生き方や価値観、何を大事にするか、ということなどから逆算して売上を決められる**ので、売上が多ければいいということもありません。まず好きなことや得意なことが前提で、それをどうコントロールしていくかを考えればいいのです。

「こんなものが商売になるのか?」とはじめは疑問に思うことも多いでしょう。しかし、今発展している事業でも、「１人経営」で多くの人がやっている事業でも、もとはそのようなものがほとんどです。ひとまずはアイデアを出しまくって、その中から本当に自分がずっとやっていきたいものを選んで、やっていきましょう。

失敗したって全然問題ありません。またやり直せばいいのですから。

7 家族や周囲の理解を得る

少し趣の違った話になりますが、「1人経営」を行っていくにあたっては、家族の理解が必要となります。特に結婚している人は配偶者に対し、「1人経営」をやっていくことと、その価値観を理解してもらう必要があるでしょう。

私自身も、多くの人に「奥さんは、反対しなかったのですか」と聞かれます。

ちなみに私は、会社員としての比較的安定した生活を捨てて、税理士事務所をはじめました。資格商売として国がある程度守ってくれる業種（資格がないとできない仕事）なので、規模を急拡大するなどしなければまず失敗しなさそうな、難易度の比較的低い事業です。それでもたくさんの人に「やっていけるのか」「食っていけるのか」と思われていました（私の能力の低さから？）。それが前提で、周りの人は「大丈夫なのか、奥さんに反対されないのか」と聞いていたのでしょう。

確かに何回か、妻から反対意見を聞いたことはありますが、やらないという選択肢は考えられませんでした。税理士事務所の経営計画表を作って妻に見せ、「やっていけるから安心して」ということで、理解を得ることができました。

私が独立したときは、住宅ローンを抱え、幼い子どもが２人もいましたので、今考えるとよくぞ思い切ったなと思います。

現在このような状況に置かれている方の多くは、家族も含めて、「１人経営」をはじめることに不安があるはずです。

しかし、〝やろうと決めたことは、やったほうがいい〟というのは確かです。**家族に反対されても、経営計画を示すことで、理解を得るようにしましょう。**特に、「１人経営」においては、将来家計で必要になる資金を計算し、経営計画を立てることになりますから、「やっていけるんだよ」と示しやすいはずです。

親からの理解も得たいところです。

ある程度の年齢になった親だと、保守的になることが多いですから、「何も勤め人の地位を捨ててまで……」などと言われることもあるでしょう。

学校を卒業してすぐに経営をはじめる人もいるでしょうが、「なんで就職しないんだ！」などと言われるかもしれません。

しかし、**今は勤め人でいることがリスクである、と言うこともできます。**もちろん勤めていてもいいのですが、一方では、自分1人でできることを作っておくとか、1人でやっていける力をつけておくことがとても重要です。

親の意見も尊重すべきではありますが、これからの時代を見据えて「1人経営」をやっていくことは恥ずべきことでも何でもありません。話して、理解してもらいましょう。

家族以外の周りの人には、できる限りの範囲で知ってもらっておいたほうがいいかもしれません。

日本では完全に会社員文化が残っていますので、平日の昼間などにぶらぶらしている年頃（会社員でありそうな年代）の人には、冷たい視線が向けられることが多いように感じます。私もぶらぶらしていて、「あれっ？」という視線を感じることがあります（自意識過剰かもしれませんが)。

まあ本当は、他の人の理解を得ることができなくても、やりたければ孤高にやっていくべきだとは思います。

ただ、周囲の人の理解を得ておくと、何らかの協力を得られたり、何か仕事につながるきっかけが生まれたりすることもあります。後々便利だったり有利だったりすることにつながるのは間違いありません。

また、「1人経営」を知ってもらって広めるためにも、家族や周囲の人に理解されるように話しておくのもひとつの手です。

8
1にも2にも勉強。この勉強が活きてくる

「勉強は、学生のときに、学校でするもの」という意識がある人は、いまだに多いのではないでしょうか。しかし、大人になっても一生勉強です。学ぶことで得られることは計りしれないので、いくら勉強しても足りません。「1人経営」をやるにあたっても、勉強はもちろん必要です。ずっと勉強をしながら「1人経営」をやっていく必要があります。

どのような勉強をすればいいのか、考えてしまう人もいるでしょう。

私は、どんなことでも勉強になるし、自分が好きなことややっていきたいこと、究めたいことを勉強するのがいいと考えています。**「1人経営」でやっていこうと決めたことに関しては、自然と勉強するはずです。**そうでなければやっていけませんので。

勉強も経営や仕事と同じで、自分が好きなこと、得意なこと、やっていて楽しいことを

やらないと続かないはずです。

私もまだまだ不充分で、これからさらに勉強が必要なのですが、30代の後半から40代にかけて（「１人経営」をはじめてすぐくらいから）、高いお金を払っていろいろな勉強をしました。高名なコンサルタントのところでさまざまなことを学んだり、本をたくさん読んだりしました。

そのコンサルタントは非常に聡明な方で、世界全体のこと、日本の社会のこと、政治や経済のことなどを学ばせてもらいました。教えてもらうというより、自分で必死になって考える、といった感じです。その学びの会は終わってしまいましたが、学ぶ癖をつけることができました。目の前のことや自分の周りのことだけではなく、社会全体を俯瞰の目でとらえることができたのはよかったです。それが今も活きています。

また、「１人経営」をやるのであれば、**「お金」のことは学んでおいたほうがいい**でしょう。日本ではお金の教育があまりされておらず、知識の少ない人が多いです。お金に関する全体的な仕組みを学ぶのは重要です。

例えば、とても大事な〝複利〟の仕組みはどうなっているのか、複利が活かせる金融商品にはどのようなものがあるのか、何を買うべきなのか、どこに投資をすればいいのか、お金の何を管理していけばいいのか、などということをしっかり学んでおけば、お金で苦労したり破綻したりすることはないはずです。

複雑な金融工学を学ぶ必要はありませんが、一般的に宣伝されていることと実際のところは違いますので、知っておくべきことは多いです。「1人経営」をやるためには、お金の勉強は必須と言えます。

全然違う話になってしまいますが、**「心の持ちよう」なども勉強しておくべき**です。

考え方とか心の持ちようによって、同じ景色を見ていても、自分から見える景色はまったく違ってきます。いつも悲観して、悪い世の中だと考え、自分もダメだと考えるような悲観的な考え方よりも、楽観的に、「世の中もよくなるし、自分もこれからよくなっていく」などと考えた方がいいはずです。このような心のあり方などについても学ぶことはできます。

そう考えると、勉強すべきことは無限大ですが、勉強をしようと思う人はするし、勉強など必要ないと思う人はしないので、差は開く一方になっていきます。どっちを選ぶかは自由ですが、勉強したほうがいいことに間違いはありません。

本書を読むことも少しは勉強になるでしょうし、本書を読み終えたらまた別の本を読み、著者と対話し、多くのことを吸収するということが大切です。

勉強はあなたを助けてくれるはずです。一生勉強していきましょう。

第4章

「1人経営」のはじめ方

1 検証を丹念に行い、各種の確率を出す

多くの人は、何かをはじめるとき、「まあ、何とかなるだろう」と根拠のない自信を持ち、開始してしまいます。根拠のない自信がいい方向に作用することもありますが、もちろんうまくいかないこともあります。確実性を高めるために必要なのは、計画を立てるということです。**計画を立てるためには、その事業について検証を行い、確率を出し、試行回数を積み重ねていけばいいのです。**

例えば、近所の団地で「1人カフェ」を開くとしましょう。物件の場所を決めたら、仮に1週間その物件の前に立ち続けて、人通りの数やカフェ予定地に入りそうな客層をカウントしてみてはいかがでしょうか。1週間立ち続ければ、どんなお客様が毎日何組くらい来てくれそうか、仕事をしている人が多いのか、何十代くらいの人が多いのか、などとい

うことがわかります。そこから1日の客数を（ある程度の幅を持って）推定し、売上金額を考えます。その売上高でどのコーヒー豆を使ってコーヒーを作れば粗利がいくらになるか、などということもある程度は計算できるでしょう。休日を何曜日にするのがいいのか、といったことも見えてくるはずです。

ネットで店を開くのであれば、広告を使ったシミュレーションなどをすることも可能です。1週間リスティング広告を小さい規模で出し続けて、どんな広告をどれくらい出せばどのくらい売上が上がるのか、といった検証をします。どの時期のどの時間帯に何が売れるのか、といったこともある程度見えてくるでしょう。その検証結果をもとに、何を扱うか、どこで売るか、などといったことを決めていきます。なお、これらの検証については、それぞれの専門書を見るなどしてやっていただければと思います。

「1人経営」では、これらの実験とか検証をやりながら経営していき、試行錯誤しながら微調整していくことが可能です。規模を大きくしてしまうとちょっとしたことを変えるのも大変ですが、「1人経営」なら問題ありません。

2 今の仕事を辞めず、小さくスタートしてみる

前項で述べたように、スタートしながら微調整して軌道修正していくことができるのが「1人経営」のメリットでもあります。そこでそのメリットを活かし、今の仕事をやりながら、「1人経営」をはじめてみる、ということも可能です。

本書を読んでいる多くの方が、今は会社勤めなどをしていて、これから独立したい、1人ではじめてみたいと思っているはずです。今は会社員などであっても、「1人経営」をごく小さい規模からスタートしてやっていくことは可能です。

私もかつては、勤めながら税理士事務所をやっていました。そんなことができるのか、と言われそうですが、実際には、翌年1月から本格的に独立するというタイミングで1年間、独立の準備と並行して、父が経営している会社の経理や税務のお手伝いをしていまし

た。実際に税理士の仕事をしていたのは週末なので、〝週末税理士〟と言えるでしょう。

会社勤めをしながら、副業で自分の仕事をはじめることには、さまざまなハードルがあります。

大きなもので言えば、「就業規則」で、副業や自分で商売をすることを認めないという項目が入っているかもしれません。私は勤めていた会社の就業規則を調べたところ、「同時に別の会社で勤務することはできない」という規則しかなかったので、「勤めなければいいんだ」と解釈して〝週末税理士〟をやっていました。最近では社会情勢から副業を認める会社も多いでしょうし、就業規則をちゃんと調べれば、『週末「１人経営」』は可能な場合が多いでしょう。

会社での仕事はしっかりやり、できる限り定時内に終わらせるようにして、それ以外の時間で「１人経営」の準備や実際の経営をやっていけばいいのではないでしょうか。会社からしても、残業代を払わずに短い時間で結果を出してくれる従業員はありがたいものでしょう。結果がしっかり求められますが、工夫をして短時間で成果を出せるようにやればいいのです。

「1人経営」はもともとごく小さい規模での経営ではありますが、いきなり会社勤めを辞めてしまって不退転の覚悟ではじめる必要はありません。**お勤めをして収入を確保しながら、小さくはじめて、どうすればうまくいくのかの実験や検証をしていくのがいいでしょう。**

うまくいくという確信があれば、いきなり形を作ってはじめてしまってもいいですが、全部が全部そのようなことが可能というわけではありません。収入が一定期間なくなってしまえば、家族を養っている人などは大変です。ルールに抵触しない範囲で、お勤めしながら準備をし、小さくはじめましょう。

そして、「1人経営」だけで食べていける、家族を養っていける、一生生きていけると確信できたら会社を辞め、本格的にやっていけばいいのです。

会社勤めが楽しくて、定時で結果を出すことができ、それ以外に「1人経営」もうまくいくというのであれば、そのままの状態でもいいかもしれません。しかし、そのようにうまくいく人はほんの一握りの優秀な人たちです。私たちのように普通の人は、収入を確保しながら小さくスタートし、確信が持てるようになればその時点で切り替えて専業でやっていくのがいいでしょう。

勤めながらだと時間が限られてしまいますが、「1人経営」を短時間でしっかり運営できるというのはひとつの大切なスキルです。時間が無限にあれば誰でも「１人経営」をうまくできるように持っていけると思いますが、時間の限られた中でうまく運営できるのはひとつの大きな能力の証明です。今後、複数の「１人経営」を同時に回していく、という可能性にもつながります。

その能力を磨く意味も込めて、限られた時間で小さくスタートしてみてはいかがでしょうか。

3 『経理』と『経営管理』のやり方

「1人経営」で最も大事なことのひとつと言える〝経理〟と〝経営管理〟について話しましょう。

経理とか経営管理が得意な人もいるでしょうが、多くの人は苦手意識を持っているのではないでしょうか。経理など数字を取り扱う仕事は、実際にやってみないと理解できない部分が多々あります。勉強をしようにも、奥が深くて時間がかかりますし、その勉強したことが実戦の現場で使えるかどうかはわからない部分もあります。

経理や経営管理については、「1人経営」のキモと言ってもいいので、第5章で詳しく説明をしますが、ここでは、「『1人経営』のはじめ方」のとっかかりとして、簡単に概要をお話しします。

まず、大前提として理解しておいて欲しいのですが、

・経理は、過去に起こったお金に関する事象を記録していくこと

・経営管理は、未来の計画を立て、その進捗を管理していくこと

と、大雑把にとらえておいてください。

それぞれは密接にかかわっていて、経理の結果を経営管理に活かすこともできますし、経営管理と実際の経理の結果を比べて、そのあとどうしていくかを決める手がかりにもなります。

大きな会社では、経理は外部に発表するためのもの（財務会計）、経営管理は内部の経営計画のこと（管理会計）という括りがあります。しかし、「1人経営」はすべて内部で完結しますので、大企業のそれとは別の話になり、過去と未来という時間の流れでとらえてもらえればいいのです。

また、大きな会社とは違って、「1人経営」における経理と経営管理は、それほど難しいものではありません。

「1人経営」では、「経営計画を立て、進捗を管理すること」（経営管理）がとても重要になります。人生全体や家族のこと、家計のことなども考えながら、最低限の売上計画を立てていきます。

通常、大きな会社だと売上計画や利益の計画は必ず右肩上がりとなり、成長していくことを示す必要がありますが、「1人経営」の場合はそうではありません。家計や自分の状況も勘案しながら、ときには売上が右肩下がりになるという計画を立てることもあります。

また、立てた計画がその通りに進んでいるかどうかを管理する必要もあり、その都度経営計画を立て直して実情に合ったものにする必要などもあります。これらはExcelなどの表計算ソフトで管理していけばいいでしょう。

法人であっても個人であっても、税金の確定申告（自主的に計算をして税務署に税額を申告する）が必要で、実際に起きたことを間違いなく記録していく必要があります。

経理については、ほったらかしにしているとやりたくなくなり、1年分溜めてしまうことがありますが、そうなると経営管理に活かすことができません。溜めずに毎日コツコツやっていく必要があります。

実際の経理のやり方としては、表計算ソフトに入れて専門家に渡すという方法もあるでしょうし、自分で会計ソフト（クラウドで使えるタイプもあり）などに入力する方法や、自分で確定申告をする方法もあります。

せっかく経理という面倒くさいことをやるのですから、税務署に出すための数字を作るだけではなく、経営管理にも利用可能にしたいものです。

経理や経営計画というと、とっつきにくい場合が多く、苦手な方は近寄りたくもないでしょう。しかし、実際は難しいものではありませんし、やればやるほど楽しくなる可能性もあります。

経理や経営計画が楽しくなれば、間違いなく数字的にはいい方向に向かうので、経営の継続も楽になるはずです。難しいという先入観を捨てて、楽しんでやってもらえればいいと思います。

4

事務所と店舗はなるべく置かない

普通、経営をはじめる際に力を入れるのは、店舗とか事務所の選定や設計ではないでしょうか。店舗や事務所をどの場所に構えるか、どんな事務所や店舗にするかということは確かに大切なことです。しかし、「1人経営」においては、店舗や事務所が大事ではなかったり、場合によっては必要ではなかったりする場合もあります。

私が「1人経営」を開始したのは2005年ですが、その頃はまだ経営を行っていく場合、実際の店舗や事務所が絶対に必要という感じでした。

「1人経営」においてかかるコストの中でかなり大きい割合を占めるのが、店舗や事務所の賃借料や維持費です。店舗や事務所を置くと、その家賃だけではなく、いろいろな経費が多重的にかかってきます。水道光熱費、通信費（電話やFAX、ネットなど）、従業員を雇っていたら福利厚生費などもかかります。**はじめて物件を借りるときには、初期費用として保証金や礼金・敷金などを合わせると、家賃の5カ月分だとか10カ月分がかかってきます。**一部は返ってくると言っても、また新しい店舗・事務所を借りる際にかかりますので、実質的にはずっと出ていったままです。

〝5G〟が導入されて通信がますます速くなり、いろいろなものがネットにつながる時代（IoTの時代）においては、実際に店舗や事務所を持つ必要性はますますなくなります。自宅やカフェなどで仕事を完結させることも容易になるでしょう。

現在、私は税理士事務所をやっており事務所を借りていますが、「事務所はいらないかも」と思うようになり、実際に事務所廃止に向けて動き出しています。

これから「１人経営」をはじめるという場合、店舗や事務所を置かない設計をすることをおすすめします。人をどうしても雇わないといけない場合でも、自宅で仕事をしてもらうことも可能です。既成概念とか他人に影響されて、必要のない経費を使うと、自分の首を絞めることになります。ノー店舗、ノー事務所で設計をしたら、将来が楽になることは間違いありません。

5 人を雇わない

「1人経営」のキモ、というか、「1人経営」であるかどうかの判断材料となるのは、「人を雇うか、雇わないか」です。自分1人ですべてをやるのは難しいので、「1人経営」であったとしても、人を数名雇ってもいいですが、事業が進んでいってから、「人を増やしていくか、増やさないか」の判断で、その会社の命運が決まると言っても過言ではありません。

「資本論」でも言われている通り、〝資本家〟は、労働者が働いて得てくれた利益から、労働者に支払う賃金を引いた部分を〝搾取〟することが大事です。現代では、搾取と言っても強制労働などで絞り出すのではなく、合法的合理的に、労働者が生み出してくれた余剰利益の部分をいただくことが、会社をうまくいかせるためのキモとなります。

だから、資本家たる経営者（小企業では、社長が会社の株を全部持っている場合がほとんど）は、人をどんどん雇い、雇った人が得てくれる余剰利益を拡大させ、会社を拡張しながら利益をどんどん増やしていくことが経営の王道と言えます。

ただ、経済全体が伸びていた戦後の昭和や、景気が悪くなったと言ってもほぼ横ばいだった平成の時代にはそれでもいいのですが、令和の時代以降は人口が減り、日本の経済が縮小していくことが見えています。そんな時代に、これまでと同じようにやっていくことは、運が良ければとんでもなくうまくいく可能性もありますが、運が悪くなくても（普通の運であっても）うまくいく可能性が少なくなると考えられます。

それならば、そんな**運にかけるのではなく、会社の規模は小さいままで、一定レベルでの経営を維持していくことが大切になる**のではないでしょうか。

人を雇うということは、それだけ「仕事を任せられる」ということになりますので、通常は会社を拡大方向にもっていく余力ができるということになります。

例えば、事務的なバックオフィスの仕事を誰かに任せることができれば、社長（経営者）がそれをやる必要がなくなります。その余力を営業活動（お客を増やしていく活動）に向けることができ、売上を増やしていくことができるでしょう。

売上を増やすことができれば、その分、新たな仕事が増えることになります。その増えた仕事を経営者がやるよりも、バックオフィスの仕事としてまた任せられる人を雇ったほうが便利、ということになります。

そうなると新たに社長はまた営業活動に邁進できるわけで、さらに仕事が増え、また人が必要になります。

そして、人が増えると、事務所などの活動スペースが必要になります。そこを借りるためには多額の保証金などが必要となり、さらに売上を上げるか、お金を借りてその保証金などを賄わなければならなくなります。

お金を借りると利息が発生し、返済もしなければならないため、その資金を作るためにさらに売上を増やすことになります。

売上を増やすと、その増えた分の仕事の処理のための人員がさらに必要となり、その人を収容するためのオフィスがまた必要となるでしょう。

多くの人が働くオフィスはきれいで快適であることが求められますし、支店なども開設するとなると、さらに経費がかかります。人がたくさんになると、その人たちに支払う給与だけではなく、なんだかんだと経費が必要になります。水道光熱費、通信費、旅費交通費、福利厚生費など、どんどんかかります。そうなるとそれを賄うためにさらに売上が必要となり、また人が必要になる……そんな感じでスパイラル状に会社は拡大、いや膨張していくことになります。

膨張した会社を、方針を変えたからといって縮小させるのは並大抵のことではありません。**現在の日本では解雇は簡単にできませんし、いったん拡大して増やしたものや経費を減らすのは、本当に大変です。**

このような理由で、事業をはじめるときにはまず、「1人でやるのか、人を雇っていくのか」を選択する必要があります。もちろん、2〜3人など雇って事業をはじめ、それを維持していくことも可能ではあります。

ただ「1人経営」をやっていくのであれば、人を雇わないで事業を進めていくという覚悟が必要となります。

6 お金はなるべく借りない

「1人経営」をはじめるための資金として、役員給与を含めた経費の4～5カ月分が必要という話を第3章でしました。例えば、役員給与が50万円、その他の経費が30万円かかるとすると、月80万円×4カ月分としても320万円が必要となります。

それくらい貯めている人もいるでしょうが、実際にはそんなにないという人もいるでしょう。ある程度社会人として仕事をしてきているのに足りない、というのであれば、これから少し節約するくらいでは、貯めることは難しいはずです。

銀行で300万円ほど借りられれば問題は一気に解消しますが、それも現実的ではありません。長く事業を行っているところや、業績がいい会社には貸したがりますが、事業をまだ開始していない人や作ったばかりの会社には、なかなか貸すことはできないのです。

そうすると、第2章で書いたように、仕事をしながら、毎月ある程度の金額を貯めていきながら、運用をしていくことによって資金を作らなければいけません。**もしどうしてもその資金が作れないなら、会社を作るのはやめておく**という考え方もできます。

でもどうしても事業をやりたい、これをやれば成功する、という人は、ごく安い金利で親などから借りることも考えてみましょう。お金が余っていて、うまく運用したいという人はいるはずです。

例えばあなたの親が1億円くらい持っていて、でも運用の仕方がわからないから、（ペイオフ対策で）分散して銀行の定期預金に預けている、という例もあるでしょう。ちょっとうらやましいですが。それであれば、そのうち1000万円でも300万円でもいいので借りる交渉をしてみてはいかがでしょうか。返済計画もちゃんと立てて、話を持っていくのです。返済計画、事業計画などの資料を作って合理的に説明してお願いをすれば、何とかなるでしょう。

ただ、**「1人経営」をやるなら、初期投資の資金は自分で作り、なるべく借りないようにしましょう。**人生100年時代、事業をずっと続けることになるわけですから、借りる癖はつけずに、細々とでもいいので自分で作った資金でやっていく。これが理想です。

7 大々的に宣伝しない

「1人経営」をはじめるとなると、多くの人にそれを伝えたいと考えるはずです。自分が事業をはじめたこと、どんな事業をするかということ、それらを営業や宣伝のために伝えたい、と思うのは当然です。

ただし、「1人経営」では、過度な宣伝はやめたほうがいいでしょう。うまく大々的に宣伝すれば、確かに売上は増えます。知名度も上がり、その後有利になるかもしれません。

しかし、「1人経営」の目的は、**何でもかんでも売上を増やせばいいということではありません。**確かに一定の売上は必要ですが、売上が増えすぎないようにコントロールすることが必要です。

また、宣伝広告にはお金がかかります。私も苦い経験があります。開業して2~3年した頃（２００７年頃）でしょうか、「リスティング広告」というのが一般的になり、税理士事務所の売上を増やすためにそれを一生懸命やった時期がありま す。Google のアドセンスという広告で、いろいろなページに表示される広告のことです。クリックされるといくらか課金される、というものです。

当時はそれほどまだその広告の単価（クリック当たりの金額）が高騰しておらず、「税理士事務所」などのワードを検索すると、その検索結果のトップに私の事務所のサイトが表示されるように出していました。単価が安いとはいっても相当数検索されるので、月々の広告費は、多いときで月１００万円近くになっていました。ただ、１００万円をかけてもお客を1件ゲットすれば、毎年顧問料をいただけるため、ペイするものと信じてやっていたのです。

しかし結果は惨憺《さんたん》たるもので、３~４カ月やってもほとんど売上につながることはありませんでした。結果、数百万円の広告費だけ垂れ流して、泣く泣く退散してしまいました。

その頃は人を増やして拡大しようとしており、何が何でも売上が必要でした。今考えると、そんなやり方になってしまってはいけないな、という後悔の念が湧いてきます。

とにかく売上欲しさにいろいろな宣伝・広告をしたのですが、その広告を見て来られたお客様は契約の前段階で相手に問題があったり、相性が合わなかったりして、まったく顧問契約に至ることはありませんでした。脱税意識が高かったり、経理が無茶苦茶で立て直しさえできそうになかったりする会社が多かったのです。

これから「1人経営」をする人は、**大々的に宣伝したり、お金をかけて広告を出したりするのではなく、じわりじわりと少しずつ売上を積み重ねていくようなイメージを持つといいでしょう。**

サービス業なら、はじめに出会ったお客様に対して誠意を込めてサービスを行い、リピーターを増やしていき、そのリピーターからの口コミや評判によって少しずつお客様が増えていくような形が理想です。

例えば飲食店であっても同じで、味やサービスによってリピーターを増やし、口コミやいい評判によってじわじわお客様が増えていく形が理想でしょう。

大しておいしくもないラーメン屋さんに、いきなり行列ができていて、その行列が1カ月もするとなくなってまた閑古鳥が鳴く。そんな場面を何度も見てきましたが、それはテレビに出るなどして大々的に宣伝した結果、一時的にお客様が増えただけで、結局は評判を落としてダメになってしまう典型です。

「1人経営」は、そのような形ではなく、丁寧に仕事をしながら、いい評価を増やしていき、じわじわお客様が増えていくのがいいやり方です。

お客様も入れ替わりますので、じわじわ増えながら、合わなくなったお客様がいなくなり、新陳代謝していくという形が理想です。焦って大きく宣伝・広告などを行いたくなる気持ちはわかりますが、それはやめておきましょう。

8

「最低限これをやればうまくいく」ことを決め、毎日やっていく

「1人経営」を開始し、ある程度の売上を上げ、その売上をじわじわ（一定のところまで）増やしながら経営を継続していく。大きく売上を増やそうとして、人手や手間が増えないように気をつける。

これが「1人経営」のやり方だということは、よくわかっていただけたかと思います。

では、一定の売上が上がっている状態になったあと、どのように経営をしていけばいいでしょうか？

それは、当たり前の回答になってしまいますが、「うまくいくこと」をやり続けるほかありません。

例えば「1人カフェ」をやるなら、毎日の営業時間や営業日を週何日にするかなどを決

め、食べ物はどんなものを出すか、コーヒー豆はどう焙煎してどう淹れるのかなどのトライ&エラーを繰り返して、一定の売上が上がるようになれば、それ以上欲張らずに毎日同じことを続けていく。

ネットショップをやっているのであれば、どのような記事を書いてどのように広告を出せばいくらくらいの売上が上がるかなどを徹底的に調査し、その結果一番うまくいく方法で、手がかからないことをずっと継続してやっていく。

私がやっているサービス業（税理士業）であれば、一定の契約しているお客様がいれば、そのお客様を満足させるために、毎月何をやっていけばいいかをリスト化してそれを毎日やっていく。

例が少ないので、皆さんに当てはまらない場合も多いかもしれませんが、そんな感じで、**毎日何をやっていけばいいかということを試行錯誤しながらつかんで、それを毎日コツコツと続けていく。**これが「1人経営」というものです。

手間がかからず売上が増えていくのであれば、それはそれでいいのですが、売上が多くなるにつれて手間が増えていくような場合、売上をあまり増やさずに、毎日コツコツと同じようなことをやっていきましょう。

時間は大切ですから、毎日毎日、「あれもやらねば、これもやらねば」と右往左往して体を疲れさせ、ストレスを抱えてしまうのはよくありません。それなら、「最低限、これだけはやっていこう」ということを決めて、それだけやっていけば何とかなるという状態にしたいものです。

自分1人で経営していくというのは、とても疲れます。いろんなことが起きますし、トラブルも発生します。お客様から怒られたり、クレーム対応をしなければいけなかったり、ミスにより損害を与えてしまったり、損害を被ったり、本当にいろいろなことがあります。それを気合で乗り切ることはできません。プレッシャーに負けてしまうことも多いでしょう。

それらの**辛いことを乗り越えるのではなく、なるべく発生させないように準備をするの**

がスマートな経営です。

そのためには、決して欲張らず、範囲を広げることなく、自分ができることをコツコツとやっていくことが重要です。そして、**余計な出費や余計な仕事をせず、「最低限、これだけはやっていく」ということを毎日地道にやっていくのが「１人経営」の真骨頂と言えるでしょう。**

時代の移り変わりにより、「最低限これをやればうまくいく」ことでも、うまくいかなくなったりします。そのため、やっていくことを毎日確認しながら、変更の必要があれば対応していかなければなりません。いろいろと大変ですが、何とかなるものです。楽に考えてやっていきましょう。

9

実は、やらないことを決めればうまくいく

「最低限、うまくいくことをやっていく」のが「1人経営」を継続していくためのコツですが、逆に、**「やらないことを決める」というのも上級のテクニックです。それによってやるべきことに集中できて、うまくいくことも多いです。**

経営をはじめると、とかく何でもやりたくなってしまいます。売上を増やすために新しい事業をはじめたり、副業的に何か儲かるものはないかと考えたりしがちです。また、新しい営業や拡販の方法を試してみたくなったりもします。

さらに、いろいろな宣伝やお誘いがきたりするので、それに乗って何かのセミナーなどに参加してしまったり、同業者団体の活動に精を出したりしがちです。

そして、経営者である立場を最大限利用しようと、必要のない経費を使うこともあるで

しょう。過度な飲み食いとかゴルフとか、いろいろな付き合いで交際費がかさんでしまう人も多いです。

15年間税理士をやってきて、多くの経営者（私の顧問先は「1人経営」など小規模な会社が多いです）の行動を見てきましたが、とにかくいろんなことをやって忙しい人が多いです。活動的なことが、経営がうまくいく理由のひとつにはなっていますが、**活動的すぎてマイペースの経営が続かなくなってしまうのです。**中には、体調を壊してしまったり、経営が少しずつうまくいかなくなったりして、私との契約もやめてしまい、どうなったかわからない方もいます。

確かに、経営をはじめると、やらなければならないことはたくさんあります。仕事が増えてしまうことは仕方ないですし、不安感から忙しく動き回りたくなってしまいます。しかしそこはぐっと抑えて、「これだけやっていればいい」ということをしっかり見つけて、基本的にはそれだけを丹念に淡々とやっていくのがいいでしょう。

そのためには、「やらないことリスト」を作り、それを毎日見返して、やらないことが大切です。

私も「やらないことリスト」をつけています。どうしても、不安感などから、いろいろなことをやってしまいがちなのですが、自分を客観的に見つめ、必要のなさそうな行動を制限しています。

「やらないことリスト」は簡単なもので、ノートに1行ずつ、「やらないこと」を鉛筆や消せるペンなどで書いていきます。**うっかりやってしまって時間やお金を無駄に費やしてしまった行動を1行で書き、追加していきます。そして、リストになったものを毎日読み返します。ただし、もう絶対にやらないと確信できたことは消します。**

消されないで残ったものを毎日見返し、追加し、やらないと確信できたことを消す、その繰り返しです。


子どもじみた習慣かもしれませんが、やらないと決めたことをやってしまうこと自体が子どもじみているのです。そうならないよう、書いては毎日見返すことを続けましょう。

やらないことを決めて、時間を確保することが何よりも重要です。大切な時間をどう使うかをコントロールすることはとても難しいのです。

第5章

「1人経営」の
経営計画と人生設計

1

まずは、死ぬ年齢と仕事を辞める年齢を決める

ここからは、「1人経営」の経営計画と人生計画について詳しくお話ししていきます。

「1人経営」の経営計画は、それ単独でできるものではなく、あなたの人生と密接につながっています。したがって、**経営計画と人生計画は同時に考えていかなければいけません。**

順番としては、人生の計画を立て、それに沿って経営計画を立てていくというのが本筋です。逆だと思われるかもしれませんが、経営計画を先に立ててしまうと、人生の計画がうまくできなくなります。人生計画から、という順番が大切なのです。それを根本において、考えていきましょう。

人生計画を立てるにあたってとても大事なのは、「死ぬ年齢と、仕事を辞める年齢を決

めてしまう」ということです。

ただ、死ぬ年齢など、誰にもわかりません。だから適当に決めてしまって構いません。というよりも、適当に決めるしかないというのが本当のところです。

ちなみに私は95歳で死ぬという計画を今のところ立てていますが、「人生１００年」と言われるように、１００歳にしてしまってもいいのではないかと思います。特にまだ20代くらいの若い人は、もっと長く生きる人が増えるはずですから、１１０歳とかにしてもおかしくはないです。私は自分の健康状態とか性格などを考えて、できれば１００歳くらいまで生きたいけれど、まあ95歳くらいまでかなあ、と適当に考えています。

最近では、「長生きリスク」が議論されたりします。

充分な財産を持っていたり、充分な年金がもらえたりすれば問題ないのですが、そうでない場合は、長生きするとお金が足りなくなります。

したがって、「自分は長生きする」と勝手に決めてしまい、それを前提にして計画を立てることが大事なのです。長生きしない前提での計画だと、その長生きリスクに自分がさらされることになってしまいます。それは避けましょう。

早くこの世から去りたいと思う人も中にはいるでしょうが、長生きすることに越したことはないと思います。それを前提に考えることも大切です。

そして、「仕事を辞める年齢」も勝手に決めてしまいます。

会社員だと定年が決まっていて、今なら60歳とか65歳というのが、仕事を辞める年齢になるのかもしれません。でも経営者には定年などありません。もちろん、「アーリーリタイヤしたい！」という願望を持っている人もいるでしょう。そういう人はそれを前提に仕事を辞める年齢を決めてしまってもいいでしょう。

いくら必要か考える

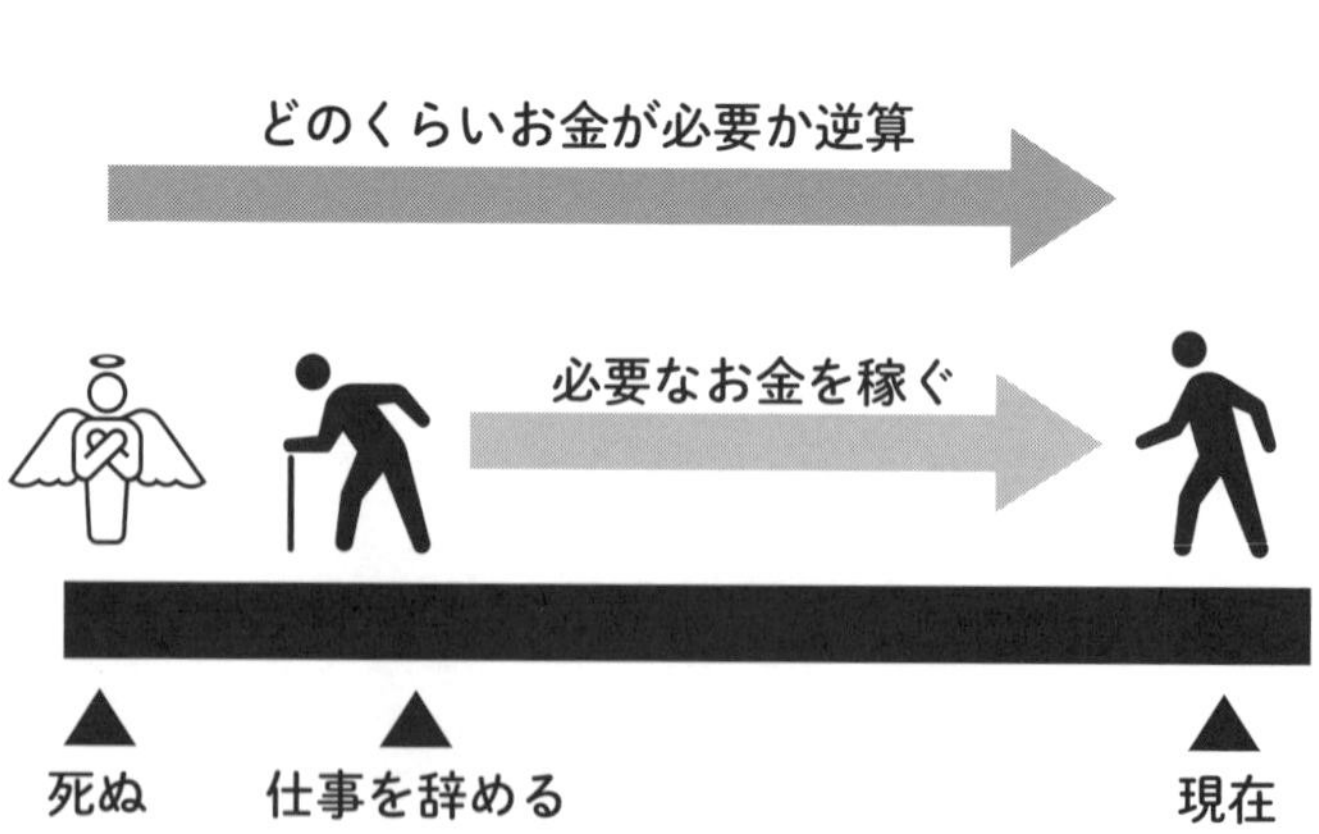

しかし、できる限り早く仕事することを辞めて悠々自適な生活を送るのは、これからの時代、厳しくなります。破綻してしまう人も多いでしょう。

これからの日本で生き抜いていく解決策は、「できる限り長い期間、できれば死ぬまで仕事をする」なのです。

例えば90歳で死ぬと決めたとして、90歳までできる仕事を見つけ、それを続けられるとしたら、死ぬ年齢も仕事を辞める年齢も90歳にすればいいのです。

ただ、今のようにバリバリ働くことはできないかもしれません。その場合は、例えば65歳までは今の仕事をして、それ以降は○○を（細々と）やっていく、というイメージでもいいのです。月５万円でも10万円でも稼げる仕事を一生できるのであれば、お金に関する問題は一気に解決に向かうでしょう。

できなくてもいいのです。計画段階で決めてしまい、それに沿った計画を立て、実行していくことが大切なのです。

2

引退後と引退前の生活水準を決める

死ぬ年齢と、仕事を辞める年齢を勝手に決めたら、次は、「引退後と、引退前の生活水準を決める」ことが大切になります。世の中に出ている平均的なデータを参考にしてもいいのですが、これも、勝手に決めてください。

総務省統計局の『家計調査年報』の２０１７年のデータによると、世帯主が60歳以上で無職世帯の1カ月の消費支出は、23万７６８２円となっています。24万円だとすると、年間で２８８万円、多めに見て約３００万円が必要な生活費と言うことができるでしょう。

同じ世帯の「実収入」は1カ月で約20万円（年間２４０万円）になっており、毎月赤字になっている状態が通常のようです。必要な生活費３００万円と収入２４０万円の差額60万円を引退後から死ぬまでの年数でかけると、「引退前に貯めておかなければいけないお金」ということになります。

例：65歳まで働き、90歳まで生きる場合、60万円×25年（90歳－65歳）＝１５００万円

世間を騒がせた〝２０００万円問題〟を参考に、２０００万円は必要と考えてもいいです。普通は、その貯めたお金を食いつぶしながら生きていくことになります。貯められるかどうかも不安ですが、その貯金がなくなったらどうしよう、という不安も大きいものがあります。

私は、死ぬまで働くだろうと考えていますが、引退したい気持ちもわかります。ある程度までいったら頭も正常に働かなくなる可能性もありますし、体も思うように動かなくなるかもしれません。人に迷惑をかけずにゆっくりしたいと思うこともあるでしょう。

例えば、今あなたが40歳であり、70歳まで働き、そのあとは１００歳まで生きる、と決めたとします。そうすると、引退までの年数は30年、引退後死ぬまでの年数も30年です。この場合は簡単です。引退後死ぬまでの生活水準を決めたら、これからの30年で、引退から死ぬまでの生活費を貯めればいいわけです。例えば引退後の生活費を、少し余裕をもっ

て旅行にも行きたいということで月30万円、年間360万円と決めたとします。

もらえる年金は人によって違いますし、ちゃんともらえるかどうかは確定していませんが、毎年送られてくる「ねんきん定期便」などを見て、その金額の7割ぐらいに設定しておけばいいでしょう。そうやって計算した年金額が年間200万円とするなら、1年間の不足分は360万円−200万円＝160万円、ということになります。

そして、引退後30年分（160万円×30年）の4800万円を、引退時までに貯めなければならない、ということになります。

引退までに貯めるお金は、引退後までずっと運用していきます（その運用方法については、後程詳述します）ので、4800万円足りないからといって、4800万円も貯める必要はないのですが、ざっくりとそう考えてＯＫです。

そうなると、**「仕事を辞めるまでの年数」と「仕事を辞めてからの年数」のバランスが重要になってきます。**

仕事を辞めるまでの年数が短くて、辞めてからが長いと、辞めるまでにお金を貯めるのが大変になります。

逆であれば、ものすごく楽になります。前記の例で言うと、仕事を辞める年齢を10年延ばして80歳にすると、3200万円【160万円×（100歳－80歳）】を40年かけて貯めればいいという話になり、毎年貯める額は3200万円÷40年＝80万円で、半分になります。

また、引退後の生活水準を、贅沢せずに月20万円でやっていこうと決めれば、年金の額にもよりますが、貯める金額が必要なくなる、ということになります。

つまり、**長く働き、引退後の年数を減らすことと、引退後の生活水準を低く抑えることが、「1人経営」のお金計画においてはとても大切になってくるのです。**それができれば、今から「1人経営」をはじめるにあたって、お金面での不安はほとんどなくなるでしょう。

さらにこのあと、「1人経営」で毎年どうやってお金をやりくりして貯めていくかということと、運用方法についてもお話ししますので、それをマスターしていただければ、お金に対しての不安はゼロに近くなると言っても過言ではありません。

詳しく書いていきますので、ぜひ読んでマスターしてもらえればと思います。

3 逆算して、(役員)給与を決める

引退までに貯めるべき必要額を計算したら、それを貯めるためにどうすればいいかを考えましょう。

前項の例のように、今40歳、仕事を辞めるのが70歳、死ぬのが100歳で、仕事引退までの30年間で貯めるべき金額を4800万円(単純に年で割ると1年160万円)に決めたとします。

そのときに、毎年どのようにお金を貯めながら生活していくかを考える必要があります。それを決めるための材料となるのが、毎年、自分がやっている「1人経営」の会社からもらう〝役員給与〟ということになります。

前提として、役員給与は、原則的に毎月同額を支払わなければ、経費として認められな

いケースが出てきます。ですから、期のはじめ（原則、期初から2カ月以内）には、自分が経営者としてもらう年間の給与額を、株主としての自分が決めておく必要があります。

どう決めればいいのかは一般的に難しいとされていますが、「１人経営」の場合は、次に示す「１人経営」の方程式を守れば簡単に決めることができます。

「１人経営」の方程式には2つあり、ひとつは会社内で、稼いだ粗利（売上から、その売上を上げるために必要な原価を引いた金額）をどう分配するかという方程式です。答えを言うと、**「粗利の合計を４（役員給与）：４（経費）：２（利益）に分配する」**というものです。

例えば粗利が年間１０００万円とすると、役員給与としてもらってもいい額が４００万円になります。この場合、経費として使っていい額が４００万円、利益として会社に留保すべき金額が２００万円ということになります。

会社の粗利が先に決まっているのであれば、この式を当てはめて役員給与を決めればいいのですが、そうでなければ人生計画から逆算して役員給与、ひいては粗利・売上まで決めることになります。

その逆算をやるにあたって使われるのが、２つ目の方程式です。

それは、**「役員給与を、１（税金や社会保険料）：１（生活費）：１（将来のための資金）に分割する」**というもので、３分法と言い換えてもいいかもしれません。

将来のための資金には、厳密に言うと住宅にかかわる資金や子どもの学費などを入れてもいいのですが、将来に向けて貯めておいて運用していく金額となります。勘のいい人はここで気づいていると思いますが、この〝将来のために貯める額〟を、役員給与の３分の１の金額に設定すればいいということになります。

先ほどの例で言うと、１年間に１６０万円を貯める（厳密には、うまい方法で運用していけばいいので、もう少し金額は減る）必要があるのですから、３分法のうちの１を１６０万円と設定して、その３倍の４８０万円を役員給与としてもらえばいい、という話になります（１４７ページの図参照）。

改めて説明する予定ですが、おわかりの通り、役員給与が決まれば粗利や売上まで自動的に決まりますので、**経営のすべての数字を〝将来の計画〟から決めることができる、**ということになります。

　したがって、経営数字を決めるためにまずやらなければいけないことは、**人生の計画を立て、そのために年間いくら貯める必要があるのか、ということを考え、そこから役員給与をはじめとする経営数字を決める**ということです。これは意外と簡単だということがわかっていただけたかと思います。

　先ほどの例だと年間１６０万円を貯める必要があるということでした。繰り返しになりますがうまく運用することができれば、もっと少なくその数字を設定することができて、楽な経営計画を立てることができるということになります。

　これから「１人経営」をはじめる人も、経営数字の検討や計画にあまり頭を悩ませず、気楽に楽しく作っていくことができます。それが「１人経営」だと私は考えています。

4 さらに逆算して売上が決まる

前項でほとんど説明してしまいましたが、将来のイベント（仕事を辞めるタイミングや死ぬ年齢など）と将来の必要生活費を決めれば、そこからの逆算で役員給与が決まり、さらにそこから逆算して粗利や売上が決まります。

将来のために貯めるべき資金が、前の例から１６０万円だということを前提に、繰り返しになる部分もありますが、説明していきましょう。

年間１６０万円を貯めるためには、前述した「３分法」で、役員給与を４８０万円に設定すればいいということになります。

ただ、例えば都心に住んでいて、家族が４人や５人いる場合は、年間１６０万円で生活していくのは至難の業です。

将来のための資金から粗利を決める

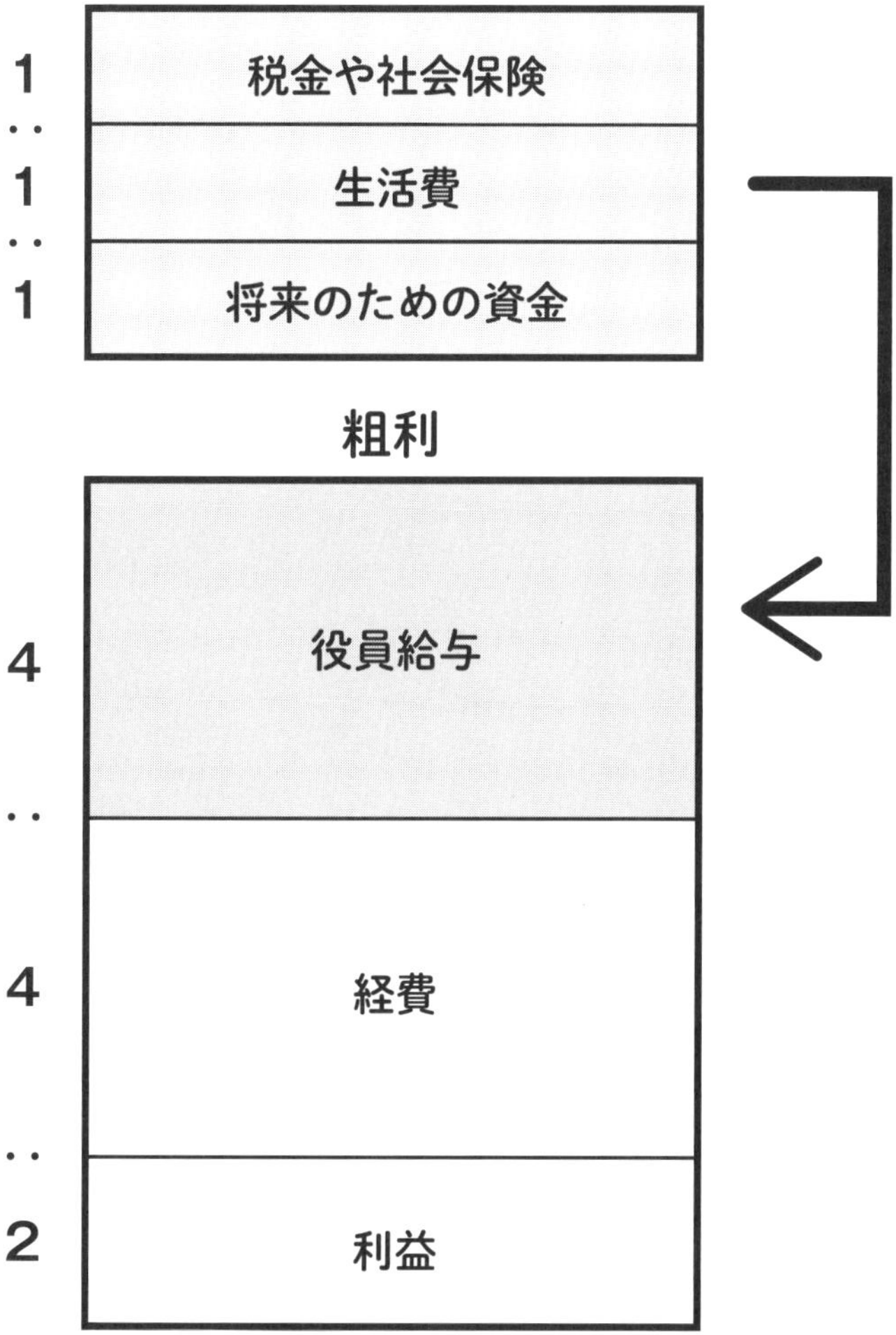

その場合、例えば年間の生活費を240万円、貯める金額を80万円とするなどして、その80万円を複利の力を使って何とか増やしながら貯めていく方法があります（その方法は本章の7項で説明します）。

また、死ぬまで仕事をするとか引退後の生活費をなるべく抑えるなどして、貯める金額を少なくし、その分今の生活費に回すなどのアレンジも可能です。

要するに、3分法のうちの税金・社会保険料はどうしてもかかってしまうので、それ以外の部分（役員給与の3分の2）を、今と将来に分配するということになります。

それでも難しい場合は、生活費を300万円、貯める金額を80万円などにして、役員給与をそれらの合計金額である540万円で設定するというやりかたを採用してもいいでしょう。ただこの場合、役員給与が増えるので税金（3分の1）も増え（180万円）、生活費を280万円に落とすなどの微調整が必要となります。

こうやって役員給与が決まると、さらに会社の粗利を分配する4：4：2の法則に当てはめます。役員給与480万円だとすると、稼ぐべき粗利が1200万円ということになります。

稼ぐべき粗利が決まれば、自然に売上高も決まります。その計算には「原価率」（逆に言うと「粗利益率」）の要素が入ってくることになります。

原価率は、やる商売によってある程度決まっています。

例えば小売業だと70％や80％くらいだとか、製造業だと60％くらいだとか、飲食業だと30％くらいなど、ある程度の目安はあります。ただ、業種によってどうしてもこれくらいは原価がかかってしまうなどのラインはありますが、「○○業だから△％」などと決めつけず、幅を持って考えたほうがいいでしょう。

原価とは、売上を上げるために必要となる費用のことで、例えばコンビニエンスストアなどの小売業であれば、本社から仕入れるものの代金が原価になります。70円のものを100円で売ると、70％が原価率ということになります。

製造業や建設業などの場合は、ものを作る人の給料など、さまざまな経費も原価を構成します。したがって原価計算が非常に複雑になります。製品を作るためにかかる費用全体が原価と考えください。

原価がかからないような商売もあります。サービス業などは、ほとんど原価がかからないと言ってもいいでしょう。

例えばコンサルタント業などは、売上を上げるためにどうしても必要な経費はないと言ってもいいです。セミナーを開催するときの会場費などは原価になるかもしれませんが、企業のサポートをするために、原価としてかかるものはほとんどない場合が多いでしょう。

つまり原価率ゼロで、売上がそのまま粗利、ということになります。

自分が商売するにあたって、原価がどれくらいの割合で必要なものなのか、ということは、ある程度わかるはずです。特に「1人経営」の場合は、割と単純な場合が多いでしょうから、原価率はどれくらいでいけるかということをある程度把握してからはじめましょう。実際にやってみて、計算と違っていれば直していけばいいのです。

例えば必要な粗利が年間1200万円で、飲食業をやるにあたっての原価率が20%とします。そうすると「粗利率」は80%（100%−原価率）となり、必要な売上高を出すためには、粗利を粗利率で割ればいいので、1200万円÷0・8＝1500万円。これが必要な売上高ということになります。

　年間１５００万円を売り上げるためには、月１２５万円の売上が必要で、これをどうやって上げていこうかと考えます。

　月に25日営業するのであれば、１日の売上は５万円、客単価が１０００円なのであれば、１日50人のお客様が来ればいい、といった計算になります。こうやって逆算・分解して計算し、必要な売上を上げるためにどうすればいいかを考えていきましょう。

必用な売上を細かくして分析する

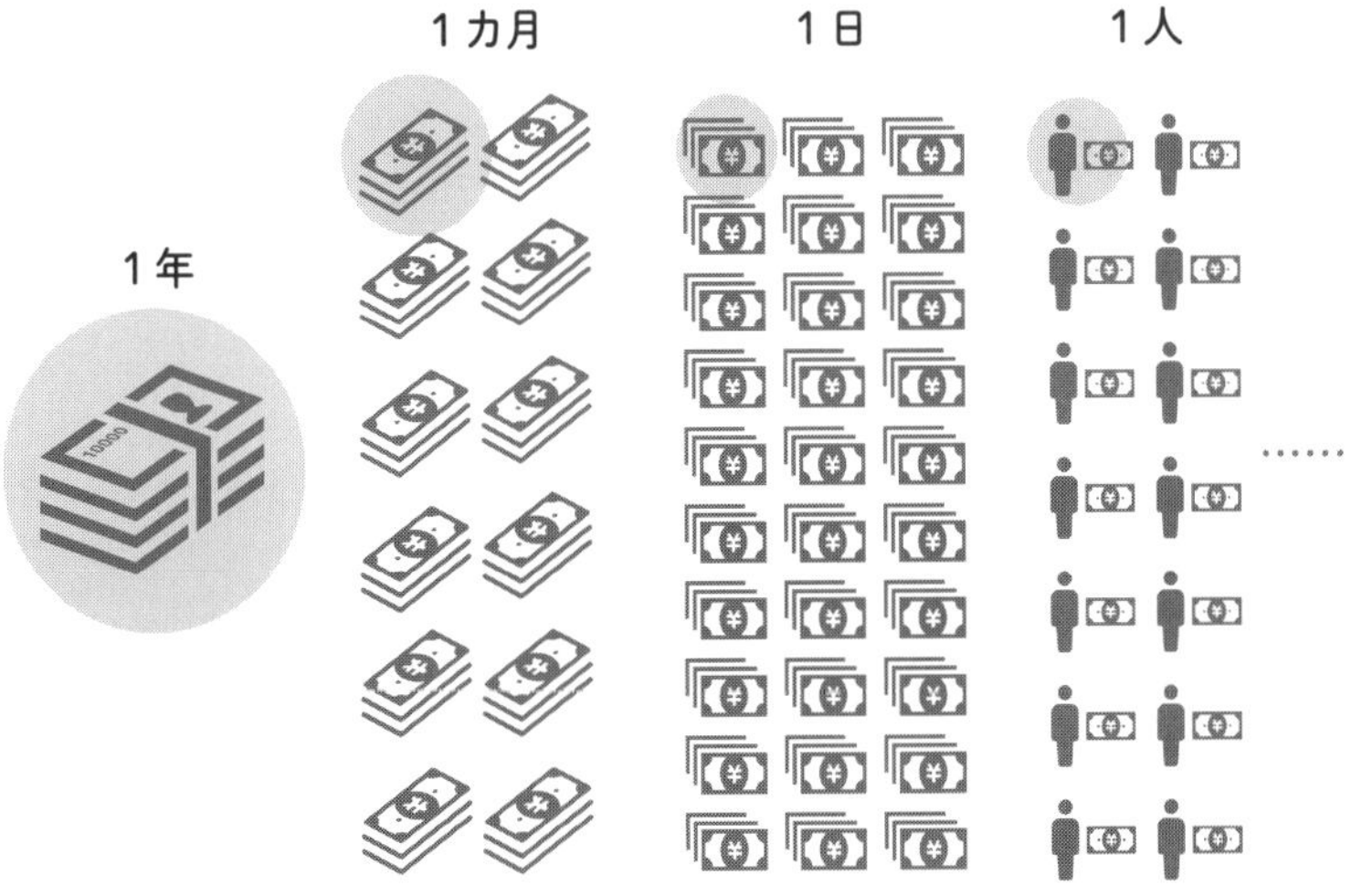

5

「いつまでに何を準備するか」を大体決めておく

「1人経営」をうまくいかせるために、いつ何をやるのかということを考えます。

例えば1年後に事業を開始するとなると、**まずは計画通りの売上をいきなり上げるためにどうすればいいかを考えます。**

私は税理士事務所の開業前の1年間を準備期間として設定しました。税務関係の勉強はもちろん、いきなり食べていける売上を上げるためにはどうすればいいかを考え、計画し、実行していきました。

多くのセミナーに通ったり、本をたくさん読んだり、たくさんの人に会いに行ったりしました。いやらしいかもしれませんが、開業したらすぐに自分の事務所の売上が上がるように、その売上の対象となる人や、会社を紹介してくれそうな人を中心に会っていました。おまだ会社員の身でしたが、税理士登録をして税理士の研修などにも通ったりしました。おかげで開業時には少しですが顧客もいて、開業初月の売上も少しはありました。そこからいろいろな営業をしたり紹介を受けたりして、お客様を増やしていったのです。

このように人と会って契約や紹介をしてもらう必要のない仕事もあるでしょう。飲食業などは、開店すればある程度のお客様が来てもおかしくはありません。そこから店の評判を上げて口コミを少しずつ増やしていくような形を取ればいいでしょう。ただし、味の研究や仕入れ先の確保、店舗の設計とか営業日・営業時間の設定、どんなお客様にいつ来てもらうのか、客単価の設定などはやることになるはずです。

インターネットを使った商売の場合なら、テストマーケティングなどをやっておく必要があるでしょう。まずはうまくいっている事例や将来の流れなどを検討し、何をいつまでにやればいいかを決めて、実行していきます。

何をやるのか、ということと、ある程度の経営計画が決まれば、あとは事業をはじめる時期に向けて「いつ、何をやるのか」を決め、実行していくだけです。スタートまでの準備はとても大切です。**止まった状態からスタートするよりも、スタートラインの後ろからダッシュして、スタートラインを越える頃には全速力になっている、**というような状態であれば最高かもしれません。

6

計画は随時見直して修正していく

準備期間において、「いつ、何をやるのか」ということと、開始後にどのように売上を上げ、仕事をこなしていくのかということは、ある程度の計画を立てておくことが必要です。そして、その計画は、**はじめに作ったままのものに固執するのではなく、随時見直して修正していく、ということがポイントとなります。**

そもそも、「1人経営」に限らず、何か物事を進めるための計画を立てるにあたっては、はじめに立てた計画がその通りに進むことはあまりありません。相当余裕を持たせた計画であればまだしも、そうでなければ、計画したスケジュールから遅れてしまうのは仕方がありません。

計画から遅れてしまったとき、ただ焦ってストレスを抱え、能率が悪くなり、さらに計画通りにいかなくなってしまう、ということはよくあると思います。そうならないように、計画を立ててから一定期間が経過したあとに、その計画を見直すことが重要です。

簡単な例を挙げると、1カ月で10のことをやる計画を立てたとして、半分の15日を経過したところでまだ3しかできていないという場合、残り15日でまだ3しかできていない、と焦るのではなく、残り15日であと7をやればいい、という計画に立て直せばいいのです。残り5日でまだ5が残っている場合は、毎日1ずつやればいいという計画を再度立てればいいということです。とても単純な話ですが、これができなくて焦ってしまい、結局やれなかったということも多いでしょう。

「1人経営」の場合も同じで、年間売上や利益などの計画を立てたとしても、まあ普通はうまくいかないものです。ただ、そこで焦って「ヤバい」などと思うのではなく、途中のある時点で計画を立て直せばいいのです。

事業年度は1年単位ですから、例えば3カ月（四半期）に一度計画を立て直して、もしうまく進んでいなければ、そこから挽回していけばいいわけです。

どうしても無理な計画なら、その計画自体を下方修正していけばいいのです。計画は立てて終わりではなく、一定期間が経過したときにもう一度立て直すことが重要です。

7 利益は別建てにし、複利で増やしていく

通常の会社経営においては、残った利益を再投資します。新たに人を雇ったり、機械や備品などの設備を購入したりして、会社を拡大していくことに使います。それは「複利」で増やしていくことと同じで、出た利益を翌年以降の経営に使う元本に組み込んで、その元本に対して利益を出し、さらに増やしていくというやり方です。

通常はそうやって会社を拡大していくのですが、「1人経営」においては、会社を大きくせずにずっと小規模で経営していくことを決めているわけですから、利益を元本（資本）に組み込むことができません。

では、出た利益をどうするのか？　それは、**資本と切り離し、別建てで会社の経営とは関係ないところで増やしていく必要があります。**会社を大きくしないためには、そうする

しかないからです。もちろん、人を雇わないまま会社の設備などに投資してもいいことはいいのですが、そうすると、その設備を管理する経費がかかってしまいます。すると、それを賄うために売上を増やす必要が生まれ、そのために、結局は人が必要になってしまうという、「スパイラル拡大」に陥ってしまう可能性があります。

別建てで投資をすると言っても、どうすればいいのかわからない人も多いでしょう。それについては、特定の金融商品を挙げることはできないので、一般的な話をします。まず、〝投資〟の概念について話しますが、投資とは、「はじめに資金を投入して、あとでそこから回収していく」というものです。会社の資本金を出すことも投資ですし、金融商品を買うことも投資になります。極端に言うと、ギャンブルや宝くじなども、お金を出してあとで回収することを目的としているわけですから、投資ということができます。

「１人経営」における投資は、トータルでプラスになる可能性の高い金融商品などに投資することが一番いいです。回収率や利率を考え、自分ができるもの、自分に合ったものを選ぶことが必要です。

利益を普通預金や定期預金など、銀行においておくことも投資のひとつです。ペイオフに気をつければ、マイナスになることはまずないでしょう。ただ、時間をかけても投下した資本がほとんど増えないのは事実です。

もう少し金利の高い「外貨預金」などで持っておくのもいいかもしれません。年3％の複利で運用すれば、時間の経過とともにかなり増え、二十数年で元本が倍になったりします。ただ、これもその国の情勢によっては元本が毀損することもあり、注意が必要です。

その他には、投資信託に投資するとか、株式市場に投資することなども考えられます。投資信託は、いいものを選べば結構増やしていくことも可能でしょうし、ほぼほったらかしで元本を増やせる可能性が高く、私も買っています。世界全体の株式指標に連動する投資信託は、今後世界全体の人口は増えていくことから、資産も増えていく可能性が高いです。株式市場に投資して増やしていくのもいいでしょう。ただこれは知識を習得して練習を積まなければ難しい部分もあります。

出た利益を減らさないのであれば、どのような投資の方法でもいいでしょう。リスクとリターンの関係を見極めながら、自分で学び、考え、選ぶのがいいです。

とにもかくにも、「1人経営」では、出た利益を何か経営と別のところに投資して増やしていく、という概念を頭に入れてもらいたいと思います。

第6章

「1人経営」を成立させる売上の上げ方

1
「1人経営」のマーケティング

ここからは、「1人経営」を続けていくための、売上の上げ方についてお話しします。

売上がなければ会社はつぶれてしまうか継続不可能になります。売上高至上主義とは距離を置きたいところですが、売上を上げることは大前提です。そして、売上を上げるために必要なことはいろいろとありますが、まずは「マーケティング」をしなくてはなりません。

「マーケティング」には、いろいろな定義があるかと思いますが、私は以前、「お客様を営業マンの前に連れてくること」という定義を聞き、以来そのように解釈しています。

今の時代や未来においては、お客様と契約するための営業活動自体が必要ない場合もあるでしょうが、まずはお客様となる人を自分のところまで引き込むことをマーケティングととらえていいでしょう。なお、「1人経営」においての営業マンとは社長である自分のことです。

マーケティングは、近頃はネット上で行われることがほとんどかもしれません。ホームページを用意して、訪問してきた人に申し込んでもらったり、問い合わせをしてもらったりすることが普通になっています。また、メールマガジンとかブログ、twitterやFacebookページなどを利用してお客様候補とコンタクトを取ることも普通に行われています。

本書はネットマーケティングの専門書ではありませんので、詳しいことはそれらの専門書に譲りますが、とにかく、お客様候補（商品を買ってくれそうな人たち）に対して有用な情報を発信して、それを見てもらって問い合わせや申し込みをいただく、というのがマーケティングの王道でしょう。

ただ現在では、そのようなやり方が当たり前になりすぎてしまい、誰もがやっているので、よっぽどうまくやらないと大して差がつかないし、目立たずに埋もれてしまい、何の効果も生まない、ということも多いようです。

それならば、**逆にネットを利用せず、リアルでマーケティングしていったほうが有効という場合もあるはずです。**

会う人や周りにいる人たちに対して、役に立つことをやっていく、ということもひとつのマーケティングです。利己心をなくして、相手のことを第一に考え、相手が必要とするものや喜ぶことを丁寧にやっていくのです。

例えば、街中に開店したカフェであれば、初回来店時にこだわりのコーヒーをかなり安いお試し価格などで提供したり、ちょっとしたデザートを付けたりするのもいいでしょう。お客様が喜びそうなことは何でもやってみて、まずは接点を持ってから、いい商品を提供していくといったやり方です。

提供する商品と関係なく、地域の人たちのために貢献して、そこで得たネットワークから仕事をいただくような方法も考えられます。

事業をはじめるときはとにかく、「売りたい」と考えがちですが、割と余裕のある経営計画、または売上をあまり必要としない事業形態などを考え、まずは貢献を積み重ねていくというのも、これからは必要かもしれません。

貨幣がそれほど力を持たず、お金があまり必要とされない時代へと徐々になっていきます。そのときに必要なのは信用だったり、自分の価値だったりします。それをまずはお客様や周りの人に配っていき、あとで回収するような考え方をするのが、これからの時代に合ったマーケティング、商売のやり方です。投資と同じです。

とにもかくにも、**あまりガツガツせず、自分ができることで相手の役に立つことを考え、それを提供していくことが、売上を上げたり経営を成り立たせたりするためのコツです。**

2

「1人経営」にブランディングは必要か？

よく、「ブランディングはとても重要。だから、SNSなどで発信して多くの人に知られることが大切」などと言われます。

確かに場合によっては、ネット上で目立つために発信するなどして、自己のブランディングを確立し、知られる存在になる必要があるかもしれません。しかし、それがどのレベルまで到達すればいいかもはっきりしませんし、基本的にはそれほど目立たなくても「1人経営」は成立すると考えられます。

「全体に向けたブランディング」ではなく、必要な売上を上げられるだけの、特定の人に向けたブランディングが確立していれば問題ありません。特定の地域においてお店を開く場合は、その商圏での知名度があればいいですし、ネット上で商売をするにしても、有名ユーチューバーのように数百万件のチャンネル登録がある必要はなく、自分が商売をするジャンルにおいて必要なお客様に知られていればいいという話です。

リアル空間もしくはネット上で、誰もが知る存在になれば、もしかしたら商売は楽になるかもしれません。しかし、有名になるリスクもあります。私の知るところにおいても、有名になったらなったで、いわれなき誹謗中傷を受けて精神的に参ってしまう人がいます。また、有名になればなるほど処理しなければいけないこと（例えばコメントやメールの返信）が増加してしまい、時間がなくなる場合も多いでしょう。

商売を成立させるためにブランディングを確立させたのに、それによって商売に悪影響が出ることは避けたいですね。

ブランディングなど気にせず、自分が決めた方向に進みながら、少しずつ積み重ねていくことが大切です。一気に有名になったり、輝ける存在になったりするのもアリかもしれませんが、「１人経営」においては、地道に周りを固めていって、じわじわと売上を上げるための塊を少しずつ大きくしていくことが大切です。

3

ひとつのお客に頼るか、多くのお客からもらうか

「1人経営」において、売上の対象をどう決めていくかということも重要な要素となります。1人もしくは1社と付き合って、そこから大きな売上を上げるのか、多くのお客様から少しずつ売上を上げていくのか、はたまた目に見えない相手、例えば不特定多数から市場において少しずつ分け前をもらうのか。やり方はいろいろあります。

まずは、**ひとつのお客様からほとんどの売上を計上するやり方。**

これは「下請け」と呼ばれるものが主流です。私の父が長年経営してきた会社は、ある大きなガス会社から仕事をもらっている企業（上場企業）からさらに仕事をもらう、孫請けのような仕事をしていきます。このやり方は、大きな会社の業績や意向に左右されてしまうというデメリットがあるのですが、その大きな会社の基盤がしっかりしていれば、永続

的に続けていけるというメリットもあります。

父の会社の場合は、ガス会社の基盤がしっかりしているので、中間の元請け企業は２度ほど変わっていますが、ずっと安定して売上を上げることができています。１社に依存してしまうのは原則としては避けたほうがいいですが、元請け（仕事を出す）企業の状態なども見ながらやっていけば、安定して事業を継続していける場合も多いです。

次に、**多くの会社や個人から売上を計上するやり方**があります。

これはＢ to Ｃ（個人に商品などを提供する）が主流ですが、多くの会社と取引をするために事務作業などが膨大になるデメリットはあります。ただ、売上が安定し、相手の意向に影響されにくいメリットがあります。

私がやっている主な事業（税理士業）はこの方式で、数十社とお付き合いさせていただき、毎月定期的に〝顧問料〟という形でお金をいただいています。１社との取引がなくなってもあまり全体に影響することがなく、安定して経営を続けていくことができます。私がやっている事業では、対会社が多く、個人相手でもその個人が事業をやっている場合が多いので、実質的にＢ to Ｂ（企業に商品などを提供する）と言えます。

なお、BtoC方式の事業においては、お金を回収しにくいデメリットがあります。
個人は「経費を使って買い物をする」という概念がもともとない場合がほとんどです。こちらの会社が売上を上げるということは、相手（個人）にとっては出費となるため、お金が出にくくなります。また、信用にも乏しく、売上を踏み倒される確率も会社相手よりは高いでしょう。

このあたりに気をつけていけば、多くの会社や個人から売上を上げることで安定していくので、私がおすすめしている方式です。

これからの時代、**さらにいいのが「不特定多数から少しずつ分け前をもらっていく」方式**、もしくは、**政府など信用のおける大きな母体からもらうような方法**です。

ひとつ例を挙げると、株式やFXなどのトレーダーは、市場参加者から、直接ではなく目に見えない形で利益を得ることになるので、お客様の出費の痛みを乗り越える必要がありません。

また、私の知人に多い社会保険労務士で、「助成金」の申請を依頼者に代わって行っている人がいますが、これは国からもらえる助成金や補助金の申請をして、受給が成功すればその一部を成功報酬としてもらう商売です。これは見方を変えると、「国から売上を得ている」と言えます。

このような、不特定多数または見えないところから売上を上げるにはどうすればいいか、といったことも考えてみてはいかがでしょうか。

これらのようなことを考えながら、「何をやっていくか」を決めるわけですが、**ひとつの事業に絞る必要もなく、前記のメリットとデメリットを考え、複合的に事業を展開していってもいい**のです。

下請けの仕事と、多くのお客様から売上をもらう事業、そして不特定多数から意識されず売上を上げられる事業。これらを組み合わせて、いろんなことをやるというのもひとつの方法です。

自分の事業をはじめる前に、どのような売上形態がいいのかを分析して、検討していきましょう。

4
「払いやすい」ところからいただくという発想

前項でも触れましたが、売上のことを考えたとき、もらいやすい（相手から見ると払いやすい）売上もあれば、もらいにくい（相手から見ると払いにくい）売上もあります。これらを考えて、なるべく売上をもらいやすい事業をやっていくべきです。

もらいやすい売上には、いくつかの種類があります。

ひとつは、**「払う人の懐の痛み具合が少ない」ものです。**

例えば、月々数百円の課金を広く集めるような事業です。多くの人が支払いますが、数百円なので「仕方ないな」と考え、払い続けてもらえるようなものです。SNS上で会員制のサロンなどを開いて売上をたくさん計上している人がいます。ある程度の知名度を得たり、有益な情報を発信したりするなどして、会員を集めるようなやり方はいいかもしれません。有料メルマガなども同じです。

払う人の懐の痛み具合が少ないという点では、**相手が経費として払わざるを得ないようなものも考えられます。**払う側が会社であれば経営をする上でどうしても必要となる費用、払う側が個人であれば生きていく上でどうしても必要となる費用を見つけ出し、それを提供していくような事業を行えば、相手の懐をあまり痛めずに売上を上げることができます。

私は税理士業を行っています。絶対必要な費用かと言われればそうではありませんが、今のところ法人の毎年の申告や経理処理は割と難しいものですので、税理士費用はかかっても仕方がないと考える人が多く、商売が成り立っています。

個人に対しても、生きていく上で絶対に必要なものや、健康的・文化的な生活を送るために必要なものを提供すれば、相手に知られる必要はあるものの、売上は上げやすくなるでしょう。

もらいやすい売上という意味では、直接消費者やエンドユーザーからもらわず、間接業者から売上をいただく、というやり方もあります。

例えばユーチューバーやブロガーなどで収益を得ている人たちの売上は、その部類です。ユーチューバーは、動画をアップすることで直接収益をもらっているのではなく、動画の再生回数やチャンネル登録数を伸ばすことで、業者がそのチャンネルや動画に広告を出すだけの価値を高め、実際に動画に広告を挟むことで広告料としての売上を得ています。広告が見られた回数や時間（動画の再生回数）に比例して売上が得られるので、有名になって動画が見られれば見られるほど儲かります。

安定した売上を上げられるには、これからの参入では難しいかもしれませんが、ユーチューバーやブロガー以外にも、これから新たなものが出てくるでしょうし、自分に合った何かが見つかるかもしれません。コンテンツを作り、積み重ねていくことはマイナスにはなりませんので、やってみる価値はあるでしょう。

上げやすい売上は、総じて「相手の収益につながるもの」と言うことができます。巨額の利益を得ているプライベイトバンカーとか投資顧問なども同じで、相手のお金を増やすことで、その利益の一部を得ています。相手を儲けさせることが、得やすい売上になることを頭に入れておきましょう。

事業をはじめる前に、上げやすい売上は何か、じっくり考えてみることをおすすめします。それがあなたの成否にかかわってくるわけですから、やらない選択肢はありません。

5

売上とお客様を常に『濾過《ろか》』し、きれいにする

事業をやっていく上での売上は、血流みたいなもので、悪い血が混ざると全体に影響を及ぼします。ですから、定期的に売上やお客様を見直しましょう。献血をして血を抜き、新しい血を再生するように、売上やお客様の入れ替えをしていくことが必要となります。

意識して入れ替えをしなくても、普通、お客様は入れ替わっていきます。

皆さんがお客様の立場で、毎日のように通っていた飲食店があったけど、1年後には週2回しか通わなくなり、その数年後には週1回になり、果ては全然行かなくなったなんてことはありませんか。人間は、慣れるのも早いですが、飽きがくるのも早いものです。

ずっと同じお客様相手に商売をしている場合、ある程度は血の入れ替えをしていかなければ、ずっと旧時代を生きているようなもので、向上するための努力もしなくなってしま

う場合もあり、注意が必要です。

私がやっている税理士業は、お客様が税理士を切り替えるスイッチコストが高く、簡単にはやめにくい状況にあります。私のお客様でも、創業当初から15年以上お付き合いさせていただいているところが多いです。それでも、毎年数社の入れ替えはあります。あまり入れ替えようと意識してはいませんが、事業自体をやめてしまったり、他の税理士に乗り換えたりするお客様が数社あって、新しいお客様が入ってくるという状況になっています。

飲食店、美容室、会員制の商売なども同じような状況かもしれません。会員制の商売では、長く続けてくれるお客様が、毎年売上に貢献してくれるのでとても助かりますが、**同じお客様相手に胡坐《あぐら》をかいて、同じようなサービスしか提供できないようでは、先が見えなくなる可能性があります。社会の変化、周囲の状況などに応じて変わっていくことができなければ、存続は難しいでしょう。**

細かいことですが、今であればキャッシュレスに対応するなど、常に新しいお客様が出す、新しい要望に応えていかなければ、時代に取り残されてしまうかもしれません。

〝濾過〟と言えば言葉は悪いかもしれませんが、**自社にとってあまりよくないお客様との取引をやめていくことも必要です。**

サービス業などであれば、一定のお客様だけ、強気でいろいろな要求をしてきて、それに応えるために時間を取られてしまうような状況が生まれます。A社のためにかけた時間が1時間、B社には5時間などという状況もざらにあります。それでいて料金が同じであれば、単純な時間の比較だけが大切ではないですが、A社には充分サービスができず、貢献できていない状況です。このような状況を打破し、経営者本人の時間を生むためにも、B社との取引をやめる必要があります。

このように、バランスや流れが悪くなった原因となるものを取り除くという意味で、お客様を選別していく必要もあります。もちろん無下に取引をやめるのではなく、フォローは必要です。

お客様の入れ替えは、必ず必要になります。「1人経営」をはじめるときにはあまり考えなくてもいいですが、はじまったあとには常に考えておきたいものです。

第7章

どのような「1人経営」がうまくいくか

1

1人カフェ

この章では、いろいろな「1人経営」を見ながら、どのようにすれば利益をある程度出し、うまく経営をし続けていけるかを考えていきます。私の顧問先でうまくいっている例を中心に見ていきたいと思います。

まずは、「1人経営」の飲食店についてです。まずは「1人カフェ」から。

東京近郊の住宅街で、駅からは少し離れていますが、多くの乗客が利用するバスの終点。周囲は団地（公団）やマンション、公務員住宅などが立ち並ぶ場所の一角に、ちょっとした商店街があります。その中にあるカフェです。

店が入る前のテナントはお蕎麦《そば》屋さんでした。前の状態のまま居抜きで借りて、壁紙などの内装をカフェ風に調えて開店しました。建物自体は新しくないですが、中はとてもきれいで、居心地のよい空間です。

その店の売りはやはりコーヒーで、厳選された豆を店内にある（席からも見える）焙煎器で煎って淹れています。コーヒーの種類は少なく、当店オリジナルのブレンドをほとんどの人が注文するようです。

料理は基本的に作らず、軽食として、隣の肉屋さんから仕入れたメンチカツかトンカツを使ってカツサンドだけ作り、提供しています。また、ケーキを少し仕入れて売っているようです（種類はあまりありません）。

ほとんどのお客様が３～４名のグループで来店し、コーヒーだけを注文し、話をして帰っていくようです。１人で来られて読書などして帰る人も多いみたいです。客層は割と上品な中高年の方が多く、うるさくはありません。お店の主人もあまり会話をすることはなく、パソコンで何か作業をしています。

私もこのようなカフェをやってみたいと真剣に考えています。料理を作らないので体力もそれほど使わず、それほど忙しくもないので他の仕事をしながらでも、できるのではないかとも考えています。もちろん社長１人で経営しています。

社長（オーナー兼店の主人）に聞いたところ、１日15人程度来店すれば利益も出るということでした。営業時間は昼12時から18時までの短時間で、コーヒーだけ飲んでさっと帰る人も多く、実際に利益は出ています。

社長はもう子育てが終り、奥さんもパートをしているので、マイペースで楽しくやっているということです。とても健康で体力もあり、しばらくは元気に続けられるでしょう。人を雇う必要もなく、しばらくはこの状態で継続していけそうとのことでした。

確かに、1人カフェでは数千万円を稼ぐことは到底無理ですし、夢がないと言われればそうかもしれません。しかし、ストレスもなく食べていけることは魅力です。稼ぎたいのであれば、カフェをやりながら何か他のビジネスや投資などをやっていくことも考えられます。

飲食店の経営は意外に難しく、以前私のお客様だったお店も失敗してしまいました。開店当初はかなりのお客様が来てくれたので人をたくさん雇い、営業時間も長くし、社長は休みなく働いていましたが、従業員が続かなかったり、自分が体を壊したりした結果、客足が減ってしまい、結局やめてしまったのです。

多店舗展開をして利益を拡大することが普通と言われますが、これからの時代、全体的に経済がしぼんでいくわけですから、拡大路線はリスクがあります。ずっと飲食店を続けていくなら、「1人カフェ」のような余裕のある形態がおすすめですし、それをやりながら他のビジネスをしていくほうがこれからは面白そうです。

カフェの場合、コーヒーの**原価率はかなり低い**ですし、原則調理をしないので**体力を使わず、比較的楽に続けていけます。**雇用をしないというのも、神経をすり減らさない要因となっています。

カフェ以外でももちろんいいですが、いろいろな条件を考えながら、自分に合った「1人飲食店」を考えてみてください。

2

1人葬儀屋

東京都品川区にある葬儀屋さんは、依頼があると、場所とお手伝いをしてくれるスタッフ、お坊さん、その他必要なさまざまなものを手配し、葬儀を開きます。ホールを持っているわけではないので、普段固定でかかる費用は、家賃と駐車場代くらいです。

古いアパートで仕事をしていて、そこに住み込んでいるので通勤も必要ありません。家賃は35000円。普段は病院やお寺廻りなどをして営業活動をしていますが、古い車を大事に使っていて、それほど遠くまで行かないのでガソリン代もあまりかかっていません。駐車場代は20000円と少し高めです。

小規模の葬儀もありますが、普通は1回の葬儀で数百万円の売上があるので、利益もそれなりに出ます。その上で固定費や営業経費がごく少ないので、仕事が入れば儲かるという仕組みになっています。

私がこの会社にお邪魔するのは、仕事が入ったときだけです。電話がかかってきて訪問し、会計データのチェックなどを行います。ときには、1年間、何の仕事も入らないことがありますが、「もうつぶれそう」と社長が冗談（？）を言うタイミングで不思議と仕事が入り、息を吹き返します。

仕事が入らないとき、営業活動もそこそこにテレビを見て過ごしているようです。とにかく固定費が少ないので、仕事が少なくても生き残れるのです。

このように、**固定費を極限まで少なくすれば、仕事がそれほどなくても、ずっと生き残っていけるというパターンもあるのです。**固定費を少なくするためには、人を雇わず、1人でやることです。これからますます技術が発展して、どこでも仕事ができるようになるでしょう。**高い固定費の代表格は家賃や給与ですから、それらをなくせば売上が少なくてもずっと「1人経営」を続けていくことができます。**つぶれずにずっと続けていけるというのが大切で、ずっとやっているうちに何かチャンスをつかみ、いいことがあるかもしれません。今回の例は極端かもしれませんが、見栄などによって固定費を増やすのはあまりいいことではありません。まずは小さくはじめることを心がけましょう。

3 1人建設業・製造業

固定費を極小にして、少ない売上でやっていくのもいいですが、少し夢があるのもいいですよね。今回は、そんな〝1人建設業〟のお話です。

東京郊外に事務所（職住近接）を持つ1人建設業者さんは、外注先の大工さんに家を作ってもらっています。受注先は誰もが知っている大手のハウスメーカーで、家の発注が来たら大工さんや材料などを手配し、スケジュールを立て、工事を進めていくことになります。家という大きな売上につながる事業を、1人で（もちろん、大工さんなどの協力を得てですが）**コーディネートしています**ので、売上も大きく、利益はかなり出ています。常に複数現場を担当しているので忙しく、接待なども多いですが、いつも健康で元気です。

〝建設業〟などは、大きな規模でないとやれないと考えている方が多いように感じます。

しかし、このように周りの協力も借りながらですが、1人でも経営していけるものです。

〝1人製造業〟なども、もちろんありです。製造業というと、高額な機械を買って、オートメーションで大がかりにたくさんのものを作っていくというイメージでしょうが、そうでないものもあります。

私の顧問先にも1人製造業はあります。過去に数名雇っていた時期もありましたが、今は完全に1人で、電子回路を設計、製造しています。お客様から注文を受け、カスタマイズされた特別な電子回路を設計し、試作品や実製品を作るような仕事です。社長の頭の中から新しい回路が発明されることもあり、顧客に重宝されて、売上もかなりあります。

とにかく、建設業や製造業など、大がかりにしかできなさそうなところにもチャンスは眠っています。**既成概念にとらわれず、「1人経営」で何ができるかを考えていきましょう。**

4 1人高額スクール

これは私の知人のお話ですが、出版に関しての「高額スクール」を経営している人がいます。

完全に社長1人と、お手伝いをしてくれている人だけでやっています。お手伝いをしてくれる人と言っても従業員ではなく、他にも仕事を持っている方で、外注先と言えます。

この「高額スクール」は、出版をしたいと思っている一般の方を集めて、100万円くらいの学費をもらい、2カ月間くらいにわたって、週末の土日などに合計6日間、まる一日出版をするための講義をします。最終日には「オーディション」があり、名だたる出版社の編集者が集まり、その編集者に向けて本を出したい人がプレゼンを行います。

プレゼンもしっかり作りこまれていますし、もともと高額のお金を出せる人は事業がうまくいっている人が多いため、出版社から本を出す資質がある、と判断されて多くの受講者が出版に至ってます。

一般の人にとって、本の著者になることはとてもハードルが高いのですが、そのハードルを下げるお手伝いをこの会社ではやっています。本を出したい受講者も、出版が実現するのであれば喜んでお金を出す、もともとうまくいっている人だからお金には困っていない、という流れになります。

受講生の出版が決まると、その本が売れるまでをサポートします。文章がどうしても書けない方にはライターを付けたり、出版の実現と、そのあとの販売促進のお手伝いもしています。そして、本が売れたらその印税のうちの少しの部分をもらうという売上構造になっています。

このスクールは単価が高く、サポートして売れた分の分け前をいただくという形ですので、受講生さえ確保できれば、充分な売上を維持することができます。協力者（外注先）はいくつか必要となりますが、基本的には1人でできる商売で、粗利が高くなります。

受講生を見つけるのが大変ですが、コツコツと情報発信をしながら安価なセミナーなどできっかけを作るなどの営業活動を行っています。

出版に限らず、このような形態のスクールやセミナーなどは、1人でも充分に可能です。ただ、それまでに仕事で何らかの実績を出すということが求められます。

時間をかけてコツコツとひとつのことをやっていくことが、将来の営業活動につながりますので、どんな商売であっても地道に時間をかけてやっていくことに変わりありません。

この高額スクールのいいところは、お客様が目指す〝大きな成果〟のサポートをしている点ではないかと思います。人が目指すもののサポートをして、結果を出し、実利をそのお客様に与えて、その分け前としての一部をいただく。そんな形が「1人経営」には合っているように思えます。

唐突な話で恐縮ですが、私は（零細）馬主をやっていて、経済的に成果を得ている馬主さんとお付き合いしたり、話をしたりしますが、うまくいっている人はこのパターンが多いです。投資顧問のような仕事をやり、お金持ちがお金を運用することをサポートしている人が潤沢に馬主としての余剰資金を持っています。

経済的に成功したい人のサポートをして、相手に実利をもたらすことは1人でもできることですし、それを目指せばおのずと自分の報酬も増えていくのではないかと感じています。全部が全部そうではないですが、少し参考にしていただければと思います。

5 株式トレーダー

2000年代の中盤頃、「株で億万長者!」といったフレーズが流行りました。大規模な誤発注をうまく利用して数十億円を儲けた〝ジェイコム男〟のことを覚えている人も多いでしょう。今でも、株で莫大なお金を稼いでいる人は結構います。

株式の売買で稼ぐ方法は、基本的には他の商売と同じです。安く買った株を高く売る、これに尽きます。その逆もできて、まず証券会社から借りてきた株を先に売り、安くなったところで買い戻す、というやり方があります(空売りという方法です)。全体的な指標(日経平均など)が上がっているときは前者の方法で安く買って高く売り、下がっているときは後者の方法で高く売って安く買うという方法を使い分けるなどして儲けます。多額の儲けを出している人は、たくさんの売買を繰り返して儲けを積み重ねていっています。

株式売買で儲けるやり方のキモは「複利」にあるとも言えます。１００万円ではじめて数十億円になる、というのも、複利の効果が大きいです。１００万円で売買をして５万円儲かったとしたら、次は１０５万円で売買をします。すると同じ５％の儲けでも今度は利益が５万２５００円となります。こういったことを積み重ねて、取引回数を多くすればするほど、利益が莫大に膨らんでいくことになります。また、莫大な利益を出した人は、何らかのきっかけ（例えば大暴落のときに空売りをするなど）があり、そこでチャンスをつかんで利益を増やしていった人が多いようです。

はじめに一定の金額を投資し、それを元手に利益を出して増やしていくというのは投資や経営の基本中の基本の話です。それを株式の売買でやっているだけであり、特にギャンブルをやっているということでもないでしょう。まっとうな商売だと私は考えています。

株式トレーダーは、完全に1人でやることが可能です。株式に限らず、今はネットが発達していますので、１人で利益を生み出すやり方はいろいろあります。事務所なども必要なくて、ネットにつながってさえいれば何とかなります。調べて、何ができそうか考えてみてください。

6

固定費ほぼゼロの「1人経営」

固定費とは、仮に売上がなかったとしても毎月（または毎年）かかってしまう経費のことを言います。これが多いか少ないかで、経営上利益が出るかどうかがある程度決まってしまいます。

「損益分岐点売上高」というものがありますが、これは、どれくらいの売上高があれば、粗利が固定費を賄って利益が出るか、というものです。固定費が多ければ多いほど損益分岐点売上高の数字が大きくなってしまうわけですから、そこからも固定費は少ないほうがいい、ということがわかります。

固定費というのは、「増やすのは簡単、減らすのは難しい」ものであって、人を増やすのは簡単、減らすのは難しいのと同じような感じです。

固定費を増やす誘惑はたくさんあります。特に今のこの時代は、ネット上などで便利な機能が次々と登場し、サービスを享受するために固定費を増やしやすい環境になっています。クラウドでファイルを管理するものとか、スマホのアプリで毎月課金されるものなど、便利さに毎月お金を払ってしまうものは多いです。便利さを享受するのであれば、なるべく単発の支払いしかないものにするとか、毎月しっかり見直して、必要のないものをやめていくなどの管理をしなければなりません。

ただそれらは比較的小さい金額ですので、管理さえしっかりしていれば特に問題ない場合が多いです。

問題なのは、大きな費用を毎月払っていてそ

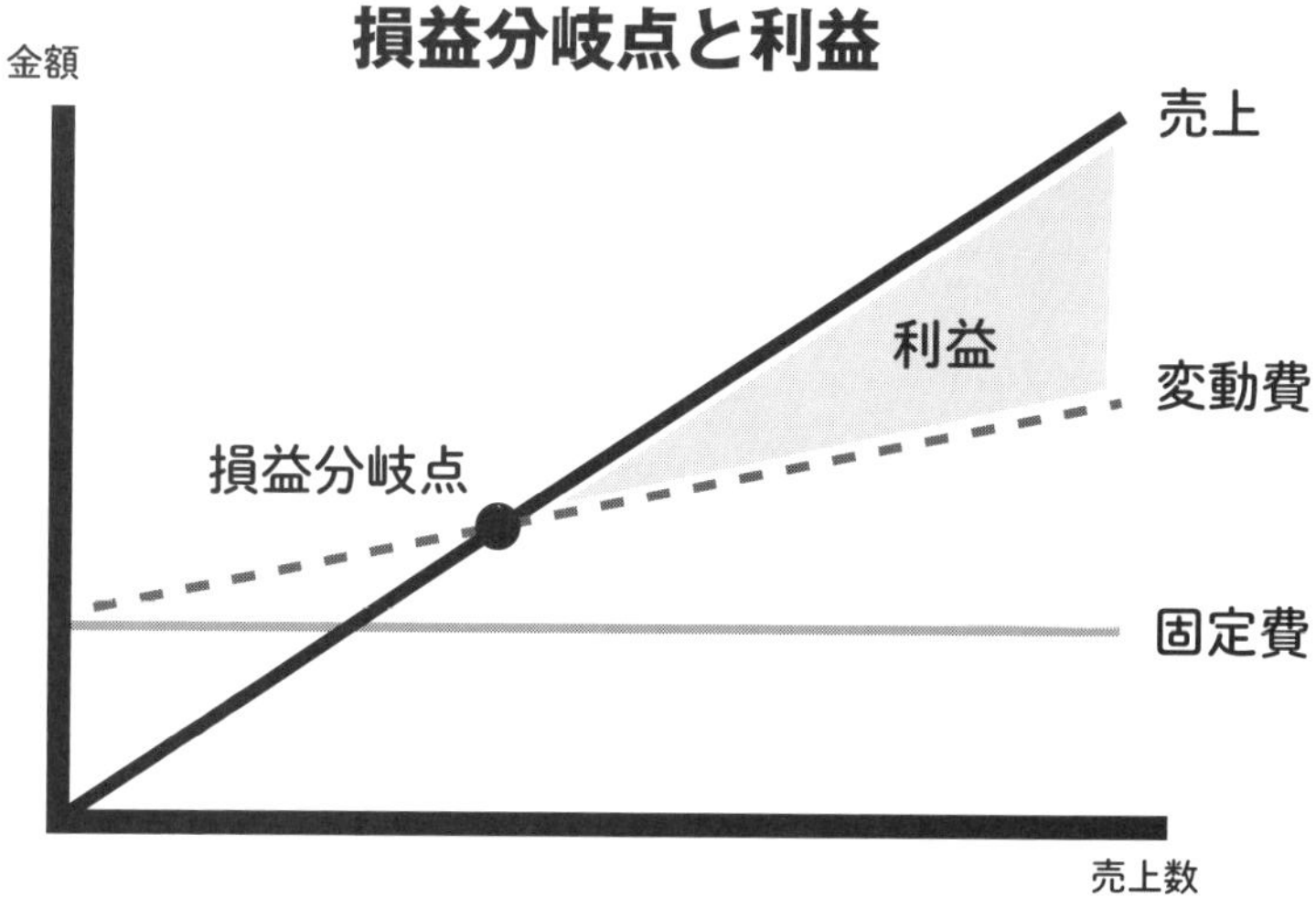

れがやめられず、経費になるからいいや、などの感覚でずっと払い続けてしまうことです。

例えば豪華な店舗や事務所を借りたりして、家賃がかかっている場合もそうです。大きな経費は見直していきましょう。理想的には、経営をしながらも毎日無駄な経費を「投資家（利益を出すために、経営者を管理する人）」の目線で減らしていく検討をすることが必要です。

本書でこれまでに何度か述べてきましたが、これだけＩＴなどが発達した時代において、事務所はもう必要ないとも言えます。自宅で充分いろいろなことができますし、集中できないのであればネットカフェにでも行けば安価で充分快適に仕事をすることができます。もちろん昼寝もできます（笑）。

人にものを売る場所である店舗も、必要ないことが多いはずです。インターネットで商売を完結することもできるでしょうし、たとえ店舗が必要だとしても、都心の一等地に広い場所を借りたりするのは非現実的で、郊外や田舎でも充分やっていける場合も多いでしょう。

サービス業とか情報の提供業、何かの創作をする事業などは、パソコン1台、またはスマホ1台さえあればすべてが完結する、といった場合も多いでしょう。そうなれば公共的な施設とか公園とかでも、人の迷惑にならない範囲で事業をやっていくことができるわけですから、固定費のかかりようがありません。

快適さとか見栄を求めて事務所などを借りる時代は終わりました。

新しい事業で「１人経営」をやっていこうと思ったとき、まずは、固定費がかからない事業かどうかを第一に考えてみてはいかがでしょうか。

固定費がたくさんかかってしまうような事業は、売上を増やしていかなければいけないので、もうこの右肩下がりの時代では、厳しいです。**固定費をほぼゼロにすることを前提に、その上で何ができるかを考えていきましょう。**

7

社会情勢を味方につけるか、社会情勢に左右されるか

社会情勢に左右されてしまうのではなく、味方につけましょう。

社会情勢というのは、今後世界とか日本がどうなっていくか、ということです。それらを見通しながら商売をしていかなければなりません。

「1人経営」をやっていくにあたり、社会情勢の中でとにかくまず大事なのは、今後の経済の動向です。**「今後、世界の経済はまだ拡大するが、日本の経済は縮小していく」**ということは頭に入れておいてください。

経済規模や株価、景気などに一番影響を及ぼすのは、人口動態です。当たり前ですが人口が多いほうが、経済規模が大きくなります。日本は今後人口が減っていくことが明白ですから、需要が減り、経済規模は小さくなっていくでしょう。また、「多消費世代」と呼ばれる40代の人口と経済状況は連動しますが、多消費世代の人口もこれからずっと減って

いく一方なので、**経済が縮小していくことは確実です。**

昭和の高度成長期は、拡大の一途をたどりました。そんな中ではみんなと一緒に頑張り、会社を大きくしていけばうまくいきました。しかし、平成に入ってバブルがはじけ、景気が悪くなりました。拡大路線で頑張ろうとした会社は、運などがよければうまくいきましたが、うまくいかない会社なども出てきて、二分化されました。

令和になった今後数十年、人口は減っていき、経済は縮小していくわけですから、右肩上がりの成長を望んでいても、多くの会社がつぶれますし、厳しい状態になっていくでしょう。右肩下がりであることを自覚して、その状況に合わせて動いていくことが求められるようになります。

これは、わかっていてもなかなか行動に移せないものです。多くの人、特に40代より上の人（私も含みます）の頭の中は、拡大志向であふれています。いまだに、拡大していくことがいいこと、経済成長はいいこと、自分も右肩上がりで向上していかなければいけない、と無意識に考えています。

もちろん、右肩上がりで順調にいく人もいるでしょうが、多くの人はそこから脱落してしまいます。それなら、はじめから右肩下がりを前提にやっていくのがいいのではないか、というのが本書で言いたかったことです。

前置きが長くなってしまいましたが、とにかく、**成長や拡大、向上ばかりを目指すのではなく、右肩下がりを頭に入れ、最低限の経営をしていくべき**、というのが、私の提言です。繰り返しになって申し訳ありませんが、それは理解してもらいたいと思います。

まずは自分の考えている事業が、人口や経済規模的なものをはじめとする社会情勢に左右されるか、そうでないかということをよく考えて欲しいのです。「1人経営」で、最低限のお客様があればずっとやっていけるような事業であれば、そこはクリアしています。

カフェの例を何度も持ち出して申し訳ないのですが、例えば、これから数十年、なくならないようなマンションがたくさんある場所で開業して、最低限のお客様が来ればやっていけるような場合、つぶれる心配をしなくてもいいでしょう。

しかし、今でも高齢の方しかいないような場所で、若者向けの商売をリアル店舗で展開して、しかも割と多くのお客様が訪れなければまずいといった状況だと、これからずっとやっていくことはできないでしょう。そういった、人口動態をはじめとする調査などをやっていく必要は必ずあります。

インターネットを利用して商売をやる場合においても、流行りすたりがあり、これからそのネットの世界がどうなっていくかを想像していかなければなりません。

10年前はユーチューバーがこれほどもてはやされるとは思われていませんでした。しかし、ユーチューバーも、10年後にはもう影も形もなくなっているかもしれません。

時代はすぐに移ろいます。特にこれからはそのスピードはどんどん上がっていくでしょう。時代をよく考える癖をつけなければならないのです。

社会情勢とか時代を読み、失敗してもいいくらいの規模感で、いろいろなことにチャレンジしていけばいいのではないでしょうか。

第8章

「1人経営」でうまくいくための8箇条

1 固定費極小、変動費も減らせ

固定費がかからない商売が「1人経営」には向いている、という話を何度かしました。それは当然として、変動費も少ない商売を「1人経営」ではやるべきです。

変動費とは、簡単に言うと、売上が増えるごとに増える費用のことで、原価と言い換えることもできます。

コンビニエンスストアなどの小売店であれば、商品の仕入れ代金が変動費となります。商品を70円で仕入れて100円で売った場合は、変動費はもちろん70円、そして変動費率が70%となります。このときの粗利は30円であり、粗利率が30%ということになります。

通常、変動費が高くなると、その分売上も多いということになる（そうでないと粗利が確保できない）ので、変動費率にはそれほどこだわらなくても構いません。しかし**売上が**

多すぎると扱い量が増えるため、手間がかかり、人手が必要になってしまいます。ですから、「１人経営」においては、なるべく変動費率の小さいもの、つまり仕入れや原価の少ないものをやったほうがいいということになります。

変動費率（原価率）の少ないものの代表はサービス業です。必要な利益を確保することが容易《たやす》く、ずっと残っていく商売の代表格です。

サービス業は、リアルな商品を扱わないネットでの各種商売、知識や知恵を扱うコンサルタント、お医者さんや体をケアするリフレクソロジー的な商売などもちろん、美容院や床屋、個人経営の教室、小規模な飲食店などもそうでしょう。他にもたくさんあります。もちろん少量の仕入れは発生しますが、第7章で出てきたカフェ（コーヒーの原価はかなり小さい）のように、変動費率が小さい商売がサービス業には多く、「１人経営」には最適と言えます。

これからＡＩやロボットなどの発達により、製造業や建設業なども、もしかしたら変動費が小さくなっていくのかもしれませんが、今のところ「１人経営」でそれらをやるのはなかなか難しく、第7章で出てきた1人建設業のように、事業をコーディネートするような仕事が、今のところ「1人経営」には適しています。

「1人経営」を楽にやっていくのであれば、まずは変動費がほぼ必要ない事業を選ぶべきでしょう。

やっていく商売を考えるときに、その商売において売上を上げるために必ず必要な経費は何かを考え、それがごく小さいものを選ぶようにしてみてください。

ただ、これには少し落とし穴があります。

変動費率が小さいということは、「1人経営者」本人の働きが売上に直結することになります。つまり本人の頑張りが利益に直結するのです。

「長時間労働をすれば解決する（売上を確保できる）」ということになると危険です。人の仕事には限界があります。サービス業などでの長時間労働で体を壊してしまう人は私の周りにもいますし、結構多いです。

「1人経営者」ではなるべく頭や知恵を使い、労働を減らしていくべきです。そして、

減らして発生した時間でまた新しいことをどんどん作り出していくべきです。

長時間労働をしてしまうと、その事業にかかりきりになり、新しいものが生まれません。

ぜひ、サービス業で自分を壊すのはやめてもらいたいと思います。

［主な固定費と変動費］

〈固定費〉

・家賃
・給与
・旅費交通費
・通信費
・水道光熱費
・消耗品費
など

〈変動費〉

・仕入代金
・原材料費
・外注費
・製造のための費用
など

2 他人に頼らない

「商売はとにかく人をうまく使うこと」という格言があるように、人をどう動かすかが商売の原点という考え方があります。しかし、「1人経営」では、他人に頼らないことがうまくいくカギとなります。

「1人経営」は従業員をほとんど雇わないのが前提です。私の定義している「1人経営」は、1人や2人くらいは雇ってもいいということにしていますが、それでも**アルバイトやパート程度にしておくべき**という考え方です。経営者の時間を作るために、仕事を手伝ってもらう人を雇ってもいいですが、頼り切らないようにしましょう。

1人ならまだいいですが、2人以上雇ってしまうと、その2人の間に関係性が発生します。2人の仲が良好であればいいですが、仲よくなりすぎると社長に反発したり、クーデター的なことが起こる可能性があったりします。仲が悪いと仕事が回らずに大変な思いをするかもしれません。３人以上になると、その関係性がどんどん増えていきます。

従業員を抱えないからといって、外注先などに頼ることもあまりしたくないものです。仕事を受けて、その仕事を外注先（委託先）にお願いして、売上と外注費の差額が利益になるという商売はものすごく多いです。

確かに実働をすることがなくていいですが、そもそものような仕事の形態では粗利率が低くなり、利益もそれほど出ないでしょう。売上先と外注先の管理もなかなか大変で、労力だけがかかって利益なし、という結果になってしまう可能性もあります。

「1人経営」では、経営者が頭を使って仕事を完結させるというのが一番いい方法です。社内の仕事、例えば経理などについても、経営者が把握し、計算して管理するのが一番いいやり方です。**経営者自身でできるくらいの量の仕事をすることが肝心ですし**、経理などを丸投げせず、すべてを把握しておいたほうが、いい結果が得られることが多いでしょう。

複雑な仕事をせずに、シンプルな仕事をすることが大切です。

3 体力は温存して頭を使え

経営でこれから大切になってくるのは、「新しいものや価値を生み出す」ことです。**新しいものや価値を生み出して、利用者の役に立つ。これを続けなくてはいけません。**そして新しいものを生み出すためには、なるべく体力を温存しながらやったほうがいいのです。

体力を使う仕事は、なかなか時間を短縮することが難しいです。物理的な移動時間が必要だったり、作業時間がたくさん必要だったりします。その点、頭を使う仕事であれば、ＩＴやＡＩなどの力も借りれば、作業や時間の短縮をしていけるでしょう。

毎日毎日工夫を積み重ねていけば、仕事時間は必ず減ります。時間は命と同等なので、命を守るために、体力を温存して頭を使うことを中心にやっていきましょう。

頭を使う職業でありながら、実質的に頭を使っていない経営者もいます。何の工夫も向上もせず、ずっと同じことをやり続ける経営者です。ずっと同じことをやり続けることにも価値はありますが、ただ惰性で続けるのは避けたいものです。向上させながら、時間も短縮しながら工夫していくことが大切です。

「頭を使ってものや価値を生み出していく仕事」には、何があるでしょうか。

私が今やっているような物書きや、ＳＮＳや動画・映像などを利用して、何かを紹介しながら広告料を得るような仕事もあるでしょう。各種投資やトレードのように、お金を動かす仕事もいいかもしれません。人材や仕事の紹介、コーディネートなどのうち、ネットで完結するような仕事もそうなのかもしれませんし、経営コンサルタントなども頭を使う部類に入るでしょう。

もちろん、一部は体力を使う仕事、一部は頭だけを使う仕事、という分け方で、両方やっていくのもいいかもしれません。

ただし、仕事が増えてくると、作業ばかりが増えてしまうことがよくあります。**自分の仕事を随時見直し、作業が増えすぎていないか、体力が失われていないかなどを検証しながら改善していきましょう。**体力を削る作業時間をどうやったら短縮できるかを考えるのも、「頭を使う経営」の一環です。

4 計画を立て、数字をしっかり管理しろ

「1人経営」に大切なのは、これまでさんざん書いてきましたが、「計画と実行」です。まず、人生全体の計画を立て、そこから経営数字を導き出していくのはこれまで書いてきた通りです。また、全体だけでなく毎年、毎月、毎日の数字の管理も大切で、計画したことをきちんと実行していくことがとても大事です。

計画はなるべく長期的なものにすることが大切です。長期計画が決まっていて、それを実現するために短期的計画を変化させながら達成していく、というイメージを持つことが大事です。

通常の経営計画とは違って、「1人経営」では人生全体を計画していくのですから、その計画は長期であるのが自然です。短期的計画を継ぎ足して未来に続けていくのではなく、

あらかじめ未来をある程度見通しておいて、その未来を実現していくために今何をすればいいのか、という考え方をしてください。

人生の全体計画を立てて、そこからブレイクダウンして毎年、毎月、毎日の計画を立てていくのです。

人間は常に考え方が変わる動物ですので、そのとき、そのときで、未来を想像して計画を立て直していき、それを達成するための直近計画も、その未来計画に沿って随時立て直していきます。

未来計画が固定されていたとしても、今やるべきことや達成すべき数字は状況に応じて変わっていくわけですから、**随時立ち止まって、計画を立て直していくことが大事です。**

そうしながら経営をして、未来を作っていくのが「１人経営」の醍醐味ではないでしょうか。

計画はもちろん、お金だけではなく時間や健康、自分の価値や信用についても立てていくべきです。

進捗に応じて直近の計画を変えていく。そんな姿勢で臨んでいきましょう。

5 絶対に、調子に乗らない

一時期経営がうまくいったとしても、絶対に調子に乗ってはいけません。

30年以上、小さな会社を経営している父が先日、このように話していました。

「たくさんの社長と接してきたけど、売上が増えて規模が大きくなり、調子に乗って生活レベルを変えた社長の会社はすべてつぶれていった」

父はガス会社系列の下請けの仕事を30年以上続けてきましたが、毎年ほとんど変わらない経営数字を出し、本人と少ない社員の給与を安定して出してきました。そして、交際費などもほとんど使わず、車も（経営のために必ず必要なのですが）ずっと同じものに乗っています。

その経営から発生する役員給与によって私は大学を卒業することができて、今に至っています。だからとても感謝しています。

父が見てきた多くの社長さんは、少し経営状態がよくなると、自分の役員給与をものすごく多くして高級車を買ったり（会社のお金で高級車を買うこともあり）、豪華な家を建てたり、毎日高いお店で豪遊したりしていたそうです。父はそれを横目で見ながら私の学費を払ったり住宅ローンを払ったりして、贅沢せずにつつましく生活をしてきました。生活レベルを上げて豪遊していた社長の会社はほとんどつぶれましたが、父の会社はずっと残っています。

父の会社はバブル時代には結構儲かったはずなのですが、何も変えることなく、淡々と経営してきました。

また、父はそれほど友人もいないですし、お金のかかる趣味などもなく、お金を使うことがあまりないのですが、私はそれを見習っていきたいと思っています。

私の顧問先でも、多くの社長があまり調子に乗らず、淡々と毎年同じことをして、経営や生活を維持しています。**安定していて、決してつぶれないであろう会社に共通するのは、**

「毎年ほぼ同じ」ということです。

やっている仕事も、日々の生活も、考え方も、経営数字も、毎年・毎月・毎日安定して同じなのです。

リーマンショックや震災などで経済がしぼんだときを経ても、毎年同じような経営数字を出しているところが、ずっと安定した経営ができている会社です。

毎年の経営数字がばらばらで、ある年は利益がものすごく出て、ある年は赤字になるような会社は、たいがいつぶれてなくなってしまっています。利益が出たときに経営や生活のレベルを変えてしまう会社もなくなってしまいます。

私の取引先はここ数年ほぼ固定されていて、ほとんど契約解除などにもならず、さりとて私も営業活動をまったくしていないので、ずっと変わっていません。そして、その変わらない**取引先の社長さんたちは決して調子に乗らず、ずっと同じレベルで経営や生活を行っています。**

もちろん、飲み食いが大好きで毎日のように飲み歩いている人もいるにはいるのですが（やめたほうがいいと言っていますが）、経営状態がいい年に急に調子に乗るわけでもないので、安定しているということです。

経営をはじめて、「こんなに儲かるのか」と驚く人もたくさんいると思います。ただ、そんなときにどうするかが問われます。調子に乗って派手な生活をはじめたり、愛人を囲ったり、派手に飲み食いしたり、高価なものを買って身につけたりすると、いつの間にか経営がうまくいかなくなり、会社をつぶしてしまう可能性が高くなります。

毎年毎年、どんな経済状態になろうとも、ずっと同じベースでやっていくことが大切です。それができれば「１人経営」は合格です。

6 感情を捨て、確率で考える

前項の「絶対に調子に乗らない」と少し似ている精神論的な話ですが、「1人経営」は感情的になってはいけません。「これをやれば儲かるかな」とか、「うまくやってやろう」と思いながらやると、だいたい失敗します。**確率を計算し、それに基づいて計画を立てて淡々と進めていくのがいいのです。**それについて詳しく説明しましょう。

私がそのことを学んだのはギャンブルや株式のトレードからですので、「1人経営」には参考にならない、という方もいるでしょうが、お金を出して、そこからリターンを得るという「投資」という意味ではまったく同じです。

ここでは株式のトレード手法について少し書かせていただきます。私がやっているのは「スイングトレード」というもので、2日から3週間くらいの間、株式を保有し、少し下がったら売り（ロスカット）、もしくは充分な利益が乗れば売る（利益確定）というものです。例えば２％下がったら、もしくは10％利益が乗ったら売るのです。

自分で統計を取り、その勝率を算出します。勝率が30％であったとして、10回取引を行えば、利益確定は10％×３回（10回のうちの勝率30％）で30％、ロスカットが２％×７回（10回のうち負け率70％）で14％となり、30％－14％の16％が儲かる、という計算になります。

これは単純計算ですのでその通りにいくことはありませんが、バックテストをして統計を取った上で自分のルールを決めて取引を淡々と行うと、少しずつお金が増えていくことになります。

利益は複利で増えますので、10年以上やれば元本が相当大きくなる可能性があります。私自身は別に数億円や数十億円を得たいとは思っておらず、ダメならだめでいいと思っていますが、この方法で大きな資産を作った人は多いです。

この株式トレードをやるときには、先ほども言ったように確率で考えて、決めた取引を淡々と行うことが大事です。「この株を買ったら儲かるかな」とか、「ああ、やってしまった。取り返さねば」などと思ったら損をしてしまいます。買う株式の数量なども決めておかないと、取り返そうとして感情に任せてたくさん買ったら、損をして暴落に巻き込まれ、退場してしまうようなことが起こります。

競馬などのギャンブルも同じで、統計を取り、確率を算出してルールを決め、そのルール通りにやっていかなければまず勝てません。競馬などの公営ギャンブルは、どうしても胴元に取り分を取られるため、やればやるほど負けるのが普通です。私は競馬が好きすぎてやめられないので（依存症の可能性があります）、確率を計算してルールを決めた上で、負ける前提で少しの金額で楽しむようにしています。

「1人経営」をギャンブルになぞらえるのは問題がありますが、投資という意味では同じです。**経営をやっていると感情が湧き起こりますが、その感情に任せた取引（仕事）をしていると、儲けようとしてうまくいかなくて損をしてしまうことが多いです。**「この仕事儲かりそうだな」と打算的に考えてしまい、結局騙されて負債だけが残ってしまった、というような例はよく聞きます。

確率は、例えばどの方法でマーケティングをすれば（例えば、ネット広告を出すなど）、どれくらいの問い合わせがあり、そこからの成約率が何％か、その単価はいくらなのか、などの計算をすることがはじまりです。また、その仕事をするにはどんな経費がかかり、利益がいくらになるのかということも計算しなければなりません。

サービス業であれば、お客様ごとの時間単価を計算して、報酬に対する時間がかかりすぎているところには値上げをお願いするとか、仕事をより効率化するなどして単価を保つことなどが必要です。

そのような**計算をして、改善をしていき、利益を出していくことが大事です。**

ちょっと損をしてしまったからとか、売上が増えたとか、決して感情的にはならずに、計算をしながら淡々と長い期間やっていくことが大切なのです。

もちろん、仕事にドラマを求め、一喜一憂することは、人生にとっての楽しみになりますので、否定することではありません。しかし、「１人経営」をマイペースでずっと続けていくためには、確率を計算してルールを作り、それを守っていくことが最も大切なのです。

7

売上の分散とリピートを考えろ

「1人経営」において、売上を一定に保つためには、〝分散とリピート〟を中心に考えていくといいでしょう。

分散というのは、**売上を1社とか1人、少数の相手先に依存するのではなく、たくさんの相手先に分散していく**ことです。

リピートとは、**同じ相手から繰り返し（理想は毎月）売上を上げる**、ということです。

この2つができていれば、売上は安定して、ちょっとやそっとでは崩れなくなります。

しんどいのは、ひとつのお客様にすべてを依存してしまう場合と、単発の仕事を常に取りに行かなくてはならない場合です。

前者は、大きな会社の下請け、またはその下請け会社の下請けなどの仕事が主なものです。私がかかわっている会社でも、大きな会社の下請けをしているところがあり、社歴は数十年ありますが、何度かピンチを迎えることがありました。

というのも、元請けの会社（お客様）の意向によって、自社の売上などが左右されることが結構あるからです。「下請代金支払遅延等防止法」という法律によりある程度は守られていますが、元請けの会社の業績が悪くなり、単価が下がってしまう場合などは厳しい状況に陥ったりします。

また、元請けの会社から求められた仕事量をこなすために人を多く雇っているのに、その元請けが仕事を絞ることによって人員が余ってしまい、大変な苦労をしている会社もあります。

元請けの意向で下請けの仕事が左右されることもあり、うまくいっていても予断は許さない、ということも多く大変です。

後者のケースですが、多くの会社は単発の仕事を営業をして取っていくような形態にあるかと思います。したがって、常に獲物を狙うライオンのように、精神と体を研ぎ澄ませておかなければなりません。

狩猟民族と農耕民族を仕事にたとえると、単発仕事は狩猟、リピート仕事は農耕と言うことができるでしょう。どちらにもそれぞれメリットとデメリットがありますが、「1人経営」をずっと続けていくのであれば、農耕のほうが合っています。

単発仕事は、自然と仕事がやってくるのであれば問題ありませんが、通常は広告宣伝費もそれなりに使うでしょうし、はじめての相手と取引の手続きなどを毎回せねばならず、心労もストレスもあるでしょう。

リピート仕事は、今仕事をもらっている相手に対して丁寧な仕事をすること自体が営業活動となりますので、精神的にも比較的楽です。


仕事をもらう相手とうまくいかない場合には、その相手先との仕事をやめ、新しい取引先を探すことになります。ただし、営業活動をあまりしなくても、既存の取引先との信頼関係が厚ければ、そこからの紹介なども期待できますし、それほど多くの広告宣伝をする必要はありません。

将来にわたってある程度売上を見越すことができるというのも、経営計画が重要である

「１人経営」にとっては大変好都合です。数年、数十年にわたって安定した経営の基盤を築けることがわかっていれば、ストレスも軽減され、さらに健康に仕事を続けていくことができます。「１人経営」を永続的に続けていくのであれば、売上の分散とリピートを中心に考えていくことが大切です。

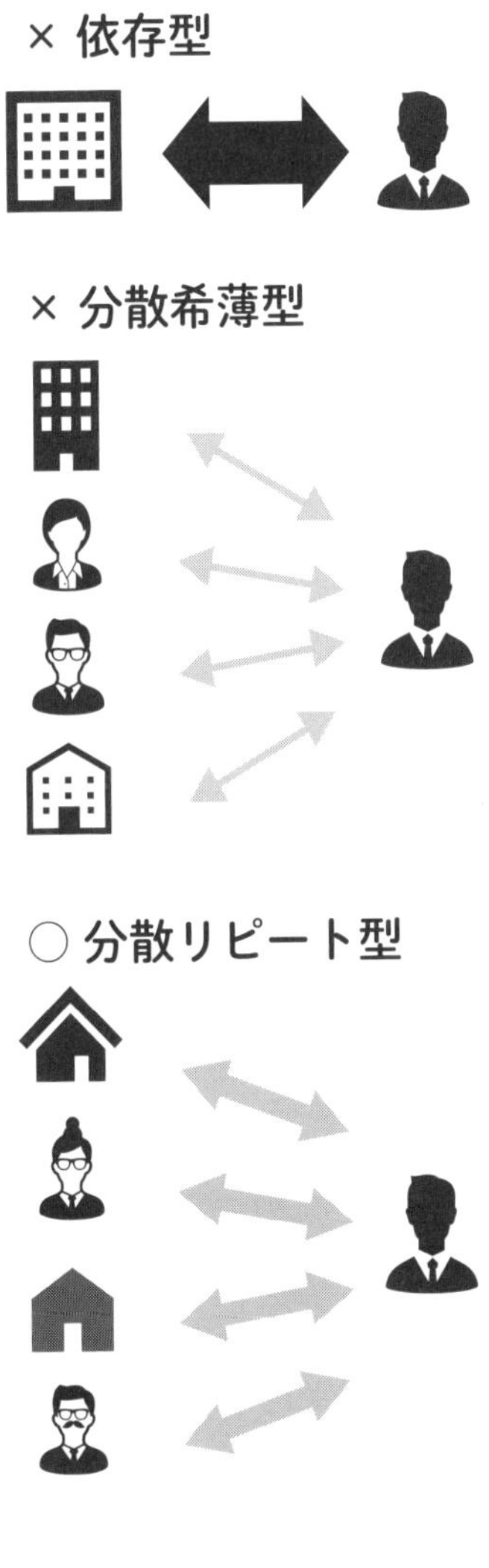

8 参入障壁が高く、撤退障壁が低いものを選ぶ

「1人経営」において大切なことの最後は、参入障壁と撤退障壁について考えるということです。

参入障壁とは、その事業をはじめるにあたって、乗り越えなければならない何かしらのハードルのことで、撤退障壁とは、その事業をやめる場合に乗り越えなければならないハードルのことです。

参入障壁は、高ければ高いに越したことはありません。

例えば、ある程度取得するのが大変な〝**資格**〟**が必要な商売**であるとか、技術力が高くて誰もができるようなものではない商売などが挙げられます。

資格については、例えば私がやっている税理士業などを見ると、税理士の数は数万人い

て競合も多いのですが、税理士しかやってはいけない仕事が決められており、ある程度は国に守られているという状態です。だから私のように、それほどの才覚がなくてもずっと続けていける場合が多いということになります。

また、技術力が参入障壁となる必要な仕事はたくさんあります。私のかかわっているお客様の例を挙げると、歯科技工士さんなどがあります。資格も必要ですし、仕事に必要な機械はある程度高額になってしまいますが、その機械を導入したり、うまく使いこなしたりして高い技術力で製品を作っています。その**設備投資や技術力が、参入障壁を高くしている**と言ってもいいでしょう。

他にも参入障壁を高くするものはあります。**時間をかけて、生み出すものを積み重ねていくことも参入障壁になります。**小説などのように、時間をかけて積み上げてきたものが後々売れていったりすることもあります。これらの「かけた時間」が参入障壁になります。

また、「1人経営」においては、撤退障壁は低いほうがいいでしょう。

ある程度の資金と時間をかけて事業を行い、もしうまくいかないならば、やめて次のことにチャレンジできるようなものがいいかもしれません。

うまくいかないものは、ある程度続けてやってもうまくいかない場合が多く、時間をかけるだけ資金や労力を無駄にしてしまうこともあります。ダメであれば次にいくという姿勢が大事です。そのためには、撤退障壁、つまりあっさりやめることができるかどうかということをはじめる前にある程度考えておく必要があります。

参入障壁と撤退障壁には相容れないところがあり、例えば高額な機械を導入して参入障壁を上げた場合には、それが他にも応用できる汎用的な機械でない場合は、その事業をやめるにやめられないということも起こります。

どちらを取るかは自由に決めればいいのですが、もし可能であればどちらも取ることができれば最高です。

付録

「1人経営」をはじめるための ミニ知識

①個人事業か、法人か

「1人経営」のビジネスをはじめるとき、その形態として、個人事業と法人のどちらにするかで迷う人もいるでしょう。誰しもはじめは知識が乏しいもので、それもわかります。

私が「1人経営」をはじめた2000年代中頃は、「まずは個人事業ではじめて、売上が1000万円を超えたところで法人にしましょう」などと言われていました。

売上が1000万円を超えると、その2年後から消費税の課税事業者になります。そのタイミングで『法人成り』(個人事業から法人に切り替えること)をすれば、消費税の課税対象となる期間を延長できる(個人と法人のそれぞれ2年で4年間)からです。

そして、法人を作ったら、利益のすべてを役員給与として取り、法人税をゼロにするのが得とされていました(役員給与に対する『給与所得控除』が適用され、所得税も安くなるため)。

ところが、その様相が少しずつ変わってきました。今は法人税の税率が大きく下がり、特に中小企業では利益の20％とちょっとしか課されず、給与所得控除も縮小されてきたのです。そのため、法人でなるべく利益を出して、個人への役員給与は下げたほうがいい、という提案などもなされるようになってきました。

ただ、**法人においては、社会保険に加入しなければならない**というプレッシャーがどんどん強くなり（本来は強制加入だが、以前は加入しなくても咎められなかった）、ほとんどの会社が1人会社であっても社会保険に加入することになりました。そして社会保険料の負担がとても大きいことに気づきはじめ、今度は法人から『個人成り』（法人をつぶして個人事業に戻ること）が行われたりもしています。

今では、法人での社会保険料負担の増大から、「社会保険や年金の制度が将来的に保たれると考えるなら法人にする。そのような制度を信用していないなら個人で（国民年金で）やっていく」などとも言われています。

「個人事業か法人か」の問題には、いろいろな意見があり、スポットを当てる箇所によって考え方が変わってくるため、私は正解がないと考えています。ただ、本書で提唱している**1人会社の経営計画を立てていくにあたっては、法人を作り、個人の家計と法人の会計を分けて考えた方がいい**のではないかと考えています。

要するに、しっかり会計などの管理ができるのであれば、個人事業でも問題はなく、管理に自信がないのであれば、公私混同しにくい法人を作ればいい、ということです。

また、『投資』の観点から言うと、法人を作ってそこに資本金を投資し、その資本金を増やしていくという考え方がしっくりきます。

個人事業には、「元入金」という項目があり、そこで資本を管理していくことは可能です。しかし、どうしても事業と個人の境目があいまいになり、どれだけ儲かっているのか、事業によりどれだけお金が増えているのかなどの判断がつきにくくなります。

ただし、法人税の計算はいまだなかなか難しいところがあり、いろいろな税金や制度に対する管理も複雑です。ですから、税理士などの専門家に頼まざるを得ないことが出てきます。さらに法人は、赤字でもある程度の税金（7万円程度）を支払う必要があります。その上、定款や謄本、役員に関する書類などの管理も結構大変です。

それでもいいからしっかりとした「箱」を作って管理していきたい、厚生年金にも入りたい、というのであれば法人にすればいいでしょう。

結局のところ、現時点では「どちらでもいい」というのが本音のところです。現時点ではそれが結論になります。

② 起業のために必要なもの

「①個人事業か、法人か」のところでも述べたように、同じ起業をするにあたっても、必要な書類などはずいぶんと違います。起業のために必要なものを挙げてみましょう。

（1）個人事業ではじめる場合

個人事業ではじめる場合は、法人ではじめる場合と違い、それほど用意するものや提出するべき書類などは多くありません。まずは、事業を開始するタイミングで、下記の書類を提出すればＯＫです。

① **個人事業の開業・廃業等届出書（開業届）**↓税務署へ

② **所得税の青色申告承認申請書**↓税務署へ

これは提出を忘れないようにしましょう。青色申告は記帳（会計などの記録を取ること）をしなければいけないので大変かと思われるかもしれませんが、個人事業の会計記帳はそれほど大変ではありません。それ以上のメリット（自動的に一定額の経費が認められるなど）があるので、青色申告をするのがベストです。この届出は、事業の開始日から2カ月以内に提出してください。

③**給与支払事務所等の開設・移転・廃止届出書**（家族や従業員に給与を支払う場合）↓税務署へ

④**源泉所得税の納期の特例の承認に関する申請書**（源泉所得税を毎月払いから半年に1回払いにするための書類）↓税務署へ

⑤**青色事業専従者給与に関する届出・変更届出書**（配偶者など、ほかに収入のない家族に給与を支払う場合）↓税務署へ

(2) 法人を設立して、はじめる場合

法人を作るのは結構大変です。自分で書類を書いて申請することも可能ですが、手間が結構かかりますので、**司法書士などの専門家に依頼するのが普通です。**また、作ってからも、会計や社会保険など各種の手続きで専門家に依頼したほうがいい場合が多いです。

ただ、「1人経営」の基本は、「全部自分でやること」とも言えますので、すべて学んで自分でやっていくことにトライする価値もあります。その場合は「会社の作り方」などの書籍などを参考にしてください。

ここでは概要（専門家に一部依頼する場合）を説明します。

法人を作る際にまず必要なのは、**資本金**です。資本金の金額を決めたら、個人の口座にその資本金の額を入金して、通帳などのコピーを取っておきます。

それから、**法人の目的**（どんな事業をやるか）を決めます。そして**代表取締役や取締役の選定**（通常、「1人経営」の場合は自分だけだが、配偶者などを入れてもいい）を行います。

また、**事業年度**を決めます。何月でもいいので、月末にすればいいでしょう。迷う場合は、年の中で売上が多い月の前（例えば3月に売上が多いなら、2月末とか）を事業年度の終わりにすればいいでしょう（納税資金が確保しやすいため、利益が出そうなときに節税対策をする余地が大きくなるため）。

登記する場所（本店所在地）ですが、自宅でも問題ありません。また、事務所がある場合は事務所でもＯＫです。ただ、後々変更する場合に結構手続きが大変だったりしますので、ある程度長くいると決めている場所にするのがいいでしょう。

これらを決めたら、申請に入ることになります。司法書士などに依頼するのであれば、その際に求められた書類などを出してください。

晴れて法人ができたら、**銀行口座**や**法人のハンコ**を作ります。口座は、ネットバンクでも問題ありません。ネットバンクと地元の地方銀行に一つずつ口座があれば便利かと思います。

法人が作成され、**登記簿謄本**や**定款**ができますので、その書類を受け取って保存しておきましょう。その後、個人事業と同じように、税務署などに書類を提出することになります。提出する書類は下記の通りです。

① **法人設立届出書**↓税務署へ
② **法人税の青色申告承認申請書**↓税務署へ
法人の場合は特に、青色申告によるメリットは大きいので、必ず出しておきましょう。

③ **給与支払事務所等の開設・移転・廃止届出書**（家族や従業員に給与を支払う場合）↓税務署へ

④ **源泉所得税の納期の特例の承認に関する申請書**↓税務署へ

⑤ **個人事業の開廃業届出書**（個人事業をやめて法人にする場合）↓税務署へ

⑥ **都道府県税事務所に対する、法人設立の届出書**↓各都道府県の税務事務所へ

⑦ **市町村に対する、法人設立の届出書**↓各都道府県の市区町村役場へ

これらに加えて、**社会保険**関係の手続きがあります。社会保険への加入は、法人を設立すると、社会保険事務所から案内が来るはずです。もし来ない場合は、近所の社会保険事務所を訪ねて、「社会保険に加入したい」と頼めば、書類の書き方などを丁寧に教えてくれます。

上記のような書類をそろえるのは結構大変そうですが、焦ることなくひとつひとつやっていけば、誰でも完了することは可能です。抜けがないかどうか、本やネットで調べながらやっていってください。

③ 税金や決算について

会社を作って「1人経営」をはじめたら、ついて回るのは税金や決算など、毎年行わなければならない各種手続きです。法人を作った場合で考えてみたいと思います。

法人では、事業年度を設定するのですが、例えば3月決算にした場合は、5月末までに決算と法人税や消費税の申告をして、税務署に書類を提出しなければなりません。これを怠ると「無申告」ということになり、あとで多額の税金を支払わなければならないことにもつながります。したがって、休眠状態など一部の状況を除いて、必ず決算・申告をする必要があります。

まず、日々の売上や仕入れ、経費や入出金などの取引を記録しておかなければなりません。

これは会計ソフトなどで行います。**最近ではクラウドで会計データを保存するソフトが多くありますのでそれを使い、税理士事務所などとデータを共有してやっていくことが可能です。**税理士事務所などに丸投げすることもできますが、自分である程度のところまでは入力し、常時状態を把握することをおすすめします。

決算期（上記の場合3月）が終わったら、会計を締め、決算と申告書の作成に入ることになります。決算というのは、会社の経営成績をまとめることで、貸借対照表（B/S）や損益計算書（P/L）などの書類を作成する必要があります。

その決算書をもとに、法人税や消費税などの申告書を作成します。

それ以外にも地方税（都道府県や市町村が課す税金）の申告をしなければなりません。法人税などは、利益の大きさによって税率が違うので何とも言えませんが、小さい企業で利益が８００万円以下であれば、利益に対して約23％（プラス、地方税の均等割約７万円）がかかります（２０１９年現在）。

消費税については、税込み売上に含まれている消費税から、仕入や経費（給与の支払いなどは除く）に含まれている消費税を引いたものを支払うことになります（簡便的に消費税を計算する方法もあり、それだと支払う消費税が安くなる場合もあります）。

申告は、間違うとあとで税金が課されてしまう可能性があるため、チェックをしながら慎重にやっていく必要があります。

専門知識も必要となるため、**税理士にお願いするのが無難でしょう。** 簡単な内容であれば経営者本人でも作成できますが、「別表」などという難しい書類の作成も必要ですので、任せるのが一番いいかと思います。

決算、法人税や消費税の申告以外にも、「年末調整」とか「償却資産税申告書の作成」なども必要となってきます。また、社会保険や労働保険関係の手続きも、人を雇ったり給与が変更になったりした場合などに必要となります。会社の役員や資本金、住所などが変わった場合には、登記の変更が必要です。

このように会社を運営していくためには、ただ売上を上げて利益を出していればいいわけではなく、さまざまな手続きが必要となりますので、専門家の助けが必要になります。ただ、それ以上に法人があることのメリットはやはり大きいので、「1人経営」も法人でやっていくのがベターだと今は考えています。

個人事業で行う場合も、法人ほど厳しくはありませんが、それなりの手続きは必要となります。

1月から12月の会計データをまとめて、3月15日までに確定申告をしなければなりませんし、従業員がいたりする場合は、年末調整なども必要となることがあります。ただ、個人事業の場合は、税金の申告書類ひとつとっても法人よりは簡単ですし、登記の必要がないということや社会保険の負担が少ないことを考えると、これからは有力な選択肢となるでしょう。

個人事業の税率は、個人事業の所得（利益）と、他の所得（給与所得とか不動産所得など）を合算した所得によって税率が変わります。利益が多い場合は法人税より高くなることもありますし、利益がそれほど多くなければ安く済むこともあるので、一概には言えません。ただ、**現在は法人税の税率がかなり低い水準にありますので、個人事業の方が高い税金になる場合が多いです。**

どちらにしても、「1人経営」などの事業をやっていくにあたっては、税金とか決算、その他の書類提出などのことを考える必要があり、さまざまな注意が必要となります。

おわりに

「はじめに」にも書きましたが、順風満帆に仕事をし、人生を充実させているように見える多くの人が、将来の日本に不安を抱いているということが、前著の反響によりわかりました。

何度も書きますが、日本の人口はこれから確実に減っていくため、需要が減っていき、AIやロボットの発達などの影響で仕事自体も減っていくでしょう。そこでどうすればいいかという話になるのですが、よく言われるのが自分のスキルを磨いて「オンリーワン」の存在になろうということです。

ただ、それができるのであれば、どんな状況になっても生きていけるわけで、私たち凡人にはそれができないから困ってしまうのです。

そんな、私のようなどうしようもない凡人であっても、やろうと思えばやっていけるのが「1人経営」だと考えています。

読者の方々を凡人だと言い切ってしまうのは少し心苦しいですが、多くの本を読んでも、そこに書いてあることを実現できないのが実際だと思います。本書では、そういったことがなるべくないように、誰にでもはじめられて、誰にでもできるように書いてきたつもりです。

本書を読んでいただいたあとは、自分ができるところを探していただき、そこからやっていただければ大丈夫です。

例えば、自分がやっていく「1人経営」の仕事（業種など）が見つからない場合、ゆっくりと人生計画を立てるところからはじめてみてはいかがでしょうか。

時間をかけて計画を立てたら、あとは何をやればいいのか、ということになります。それが見つかるように書いたつもりですし、もし見つからなければ、もっと時間をかけて、本書を参考にしながら見つけていけばいいでしょう。

本来、ビジネス書というのは、あまり自分の役に立たないと感じられたとしても、その中からひとつでも自分がやれることを見つけて、実行していくのがその使い方だと思います。ひとつ実行でき、そこから何かを得ることができたなら、1冊千数百円など安いものです。ビジネス書を読んでそれが役に立つかどうかは、実行する自分自身次第なのかもしれません。

本書は、つまみ食いでどこを読んでも、それをひとつだけ実行してもらえれば、少しでも読者の方の役に立つと思いながら書いてきました。それを見つけていただければ言うことはありません。

この本を世に出すために尽力してくださったすべての方と、いつもお世話になっている私の周りの人たちにお礼を申し上げて、締めたいと思います。

ありがとうございます！

山本 憲明

■著者略歴

山本　憲明（やまもと　のりあき）

1970年兵庫県西宮市生まれ。
税理士、中小企業診断士、気象予報士。
山本憲明税理士事務所代表。
H&Cビジネス株式会社代表取締役。

1994年（平成6年）早稲田大学政経学部卒。
大学卒業後、大手制御機器メーカーで、半導体試験装置の営業・エンジニアと経理を経験。10年半の会社員生活ののち、2005年、山本憲明税理士事務所を設立。

現在は、少人数で効率的な経営を行いたい経営者をサポートし、その経営者がお金、時間、（家族など）人との関係の全てにバランスが取れた楽しい経営が実現できるよう、実践と勉強に励んでいる。また、「仕事を速くする」技術を発揮し、本業のかたわら、各種投資や馬主活動、少年野球指導なども行っている。

主な著書
『朝1時間勉強法』（KADOKAWA）
『「仕事が速い人」と「仕事が遅い人」の習慣』（明日香出版社）
『社員ゼロ！会社は「1人」で経営しなさい』（明日香出版社）
その他著書多数（累計22作、48万部）

本書の内容に関するお問い合わせは弊社HPからお願いいたします。

社員《しゃいん》ゼロ！きちんと稼《かせ》げる「1人《ひとり》会社《かいしゃ》」のはじめ方《かた》

2019年　10月　19日　初版発行
2020年　9月　16日　第22刷発行

著者　山《やま》本《もと》憲《のり》明《あき》
発行者　石野栄一

明日香出版社

〒112-0005 東京都文京区水道2-11-5
電話（03）5395-7650（代表）
（03）5395-7654（FAX）
郵便振替 00150-6-183481
https://www.asuka-g.co.jp

■スタッフ■　BP事業部　久松圭祐／藤田知子／藤本さやか／田中裕也／朝倉優梨奈／竹中初音
BS事業部　渡辺久夫／奥本達哉／横尾一樹／関山美保子

印刷　株式会社文昇堂
製本　根本製本株式会社
ISBN 978-4-7569-2052-2 C0034

編集担当　久松圭祐

ISBN978-4-7569-1649-5

「仕事が速い人」と「仕事が遅い人」の習慣

山本 憲明 著

毎日仕事に追われて残業が続き、プライベートが全然充実しない……そんな悩みを抱えているビジネスパーソンのための１冊。「仕事が速い人」と「遅い人」の差なんてほとんどありません。ほんの少しの習慣を変えるだけで、劇的に速くなるのです。サラリーマンをしながら、税理士・気象予報士の資格をとった著者が、「仕事を速くできるためのコツと習慣」を 50 項目でまとめました。

B6並製　240ページ　本体1400円＋税

ISBN978-4-7569-1855-0

起業を考えたら必ず読む本

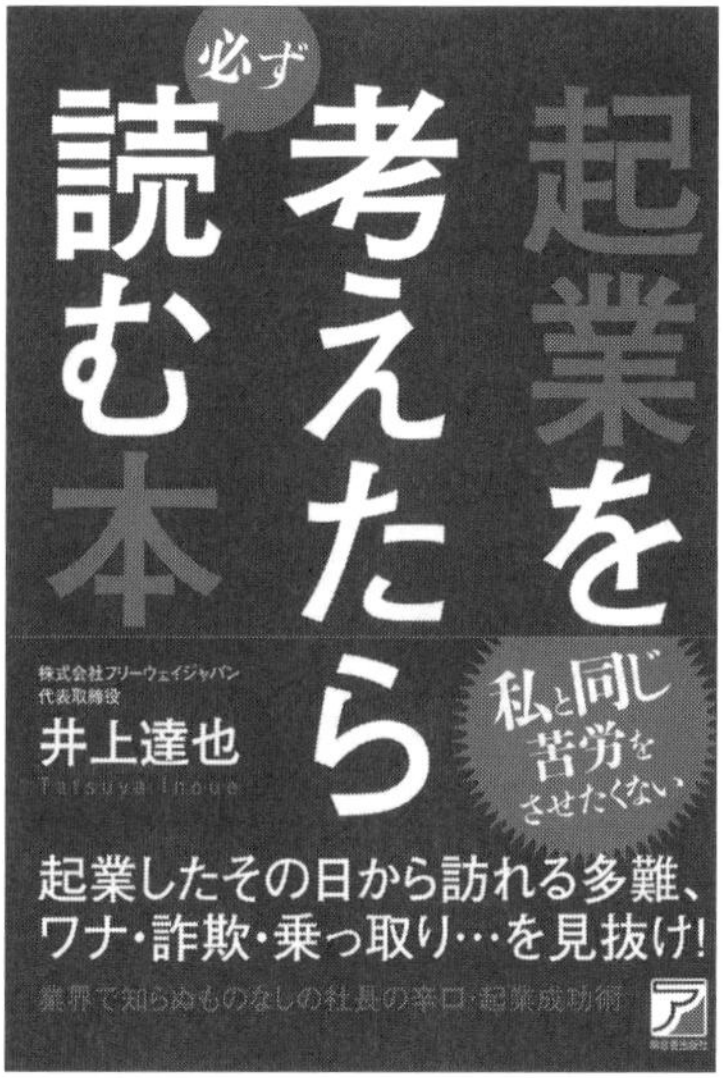

井上 達也 著

創業25年、徒手空拳で会社をいちからたたき上げ、強くしてきた自負があるからこそ書ける、起業のアドバイス本。起業を思い立ったらやること、決意して会社を辞める前にやっておくこと、会社を作ったらやること、負けず成功するために心に刻んでおくことなどのアドバイスを紹介。コンサルが書いたものにはない、力強さがあります！

B6並製　248ページ　本体1500円+税

ISBN978-4-7569-1935-9

社員ゼロ！
会社は「1人」で経営しなさい

中小企業の経営者向け

山本 憲明 著

今、会社経営をしているが、これからの方向性に迷っている。人を減らすなどして、１人でやっていったほうがいいのか悩んでいる！　そんな人のために、社員を雇わず一人で経営し、成功するための方法を税理士視点からまとめました。会社を大きくせずに、一人で経営することのメリットがわかります。ムリのない先を見通した経営計画の立て方と心得を説きました。

B6並製　208ページ　本体1400円＋税